AMAR LA TIENDA

AMAR LA TIENDA

Liderar desde
el corazón

JACINTO LLORCA

Amar la tienda
Liderar desde el corazón
Jacinto Llorca

1a edición
Noviembre de 2022

e-mail: jacinto@jacintollorca.com
www.jacintollorca.com

Edición y corrección: Silvana Freddi - www.victoriaediciones.com
Fotografía de autor: Víctor Soriano - www.vicsoriano.com
Diseño: AADG Studio

© 2022 Jacinto Llorca

Todos los derechos reservados. No se permite la reproducción total o parcial, la distribución o la transformación de este libro, en ninguna forma o medio, ni el ejercicio de otras facultades reservadas sin el permiso previo y escrito del autor. Su infracción está penada por las leyes vigentes.

Para Sabina, Celeste y Melibea,
que siempre me esperan en casa.
Muchas gracias, Sabina,
por tu inspiración y guía continuas.

Agradecimientos

Ante todo, muchas gracias a todas las personas que con su testimonio me han ayudado a tener grandes experiencias y vivencias de *retail* y de *management* en este libro. No las mencionaré por la confidencialidad que merecen sus testimonios: ellas saben quiénes son y lo agradecido que estoy por su confianza.

Y muchas gracias a muchos amigos, a los del Foro Ilusionando, a mi apreciado grupo de Comidas Alternativas y a mis compañeros de Región de Marketing, la asociación que fundé con otros apasionados del *marketing* y con los que tuve el honor de presidirla en sus inicios.

Muchas gracias a los clientes y organizadores de eventos que cuentan con mis conferencias por medio mundo para hablar ante sus clientes y equipos, así como mi sincero agradecimiento a todas las empresas y organizaciones a las que puedo ayudar en procesos de asesoría y de consultoría.

Gracias a todos por ayudarme a hacer realidad este libro.

Sobre Jacinto Llorca

Nací en El Palmar, localidad de Murcia, España, en 1980. Actualmente resido, con mi familia en América para estar más cerca de la realidad empresarial de la región latinoamericana, muy importante en mi labor divulgativa.

Soy conferenciante internacional, analista y consejero de negocio. Además, colaboro habitualmente con diferentes medios de comunicación y con escuelas de negocios.

Mi forma humanista de entender las organizaciones me lleva a plantear un modelo de gestión holística, de manera que el éxito de la empresa reside en el trabajo equilibrado y en armonía con las realidades que cualquier entidad tiene en el punto de venta, la estrategia, los clientes y, sobre todo, en el liderazgo y en la gestión del talento.

Amar la tienda es mi cuarto libro y, sin duda, el que más tiene de mí.

Muchas gracias por estar aquí.

Jacinto Llorca

Jacinto Llorca en tu próximo evento

Mi residencia en América me permite estar cerca de los eventos y y de las empresas latinoamericanas que llevan solicitando mis servicios desde hace más de 10 años.

Mis conferencias reúnen siempre tres características: primero, son inspiradoras, dinámicas y con buen humor; segundo: aportan aprendizaje y descubrimiento para el participante; y tercero: imprimen una invitación a la acción y a la motivación.

Si deseas contar conmigo en tu próximo evento (ya sea un congreso corporativo para tus equipos de colaboradores o clientes, o si se trata de un evento con tickets en venta), contacta conmigo por medio de jacinto@jacintollorca.com.

Preparo cada presentación según las necesidades y matices específicos del organizador. Aunque frecuentemente incorporo y desarrollo nuevos temas, mis conferencias más solicitadas están basadas en los siguientes:

- Amar la empresa, ampliando con detalle el modelo de *management* que vas a descubrir en este libro.
- El código *retail*, con una visión de 360º sobre las dimensiones clave en la gestión próspera de negocios con puntos de venta.

- Liderazgo *transdigital* sobre ventas, *marketing* y liderazgo en la era de la transformación digital.

Estos son solo algunos ejemplos que he compartido en sectores como Farma y Salud, FMCG, Retail (de proximidad, *category killers*, franquicias, grandes almacenes, centros comerciales, etc.), Óptica, Automoción, Restauración, Electrónica de Consumo, Ferretería y Construcción, Real Estate, Servicios B2B, Servicios Petroleros, Estaciones de Servicio, etc.

Espero poder saludarte personalmente en tu próximo evento.

Índice

Agradecimientos 9

Sobre Jacinto Llorca 11

Jacinto Llorca en tu próximo evento. 13

Una aclaración antes de empezar 21

Objetivo: Llegar al corazón de las personas. 23

Así empezó todo 27

1. Todo lo que pasó antes del *retail* 29
2. Un buen recibimiento 36
3. Valores desde el primer día. 40
4. La preparación del mánager 42
5. Tener buena cabeza 45
6. Cómo vender tenis de mesa 47

1.ª C > CAPACITACIÓN   53

7. El respeto al tiempo libre 55
8. Jamones 58
9. Vivir en la tienda 62
10. Dani duerme en la tienda 66

AMAR LA TIENDA

11. Caja aplastada: mejor compactada 69
12. Hazlo tú, y luego me cuentas cómo te ha ido................ 71
13. La diversión comercial del evento 73
14. No queremos al lento..................................... 76

2.ª C > CUALIDAD   79

15. Política de no despido 81
16. Lo que mal empieza...................................... 87
17. El señor Fernández...................................... 91
18. El DAFO como gimnasia mental............................ 94
19. Sin seguimiento, no hay futuro 97
20. La visita del miedo....................................... 99

3.ª C > CONCIENCIA   101

21. El reparador de calzado................................. 103
22. Las botas impermeables 106
23. En penumbras todo es peor 110
24. Encuentro con el director 112
25. El uso de la trastienda................................... 115
26. La tolva de papelote.................................... 118
27. Punto y aparte.. 121
28. Una nueva etapa.. 123
29. Crecimiento inorgánico 127

4.ª C > CONTRIBUCIÓN   131

30. El asunto confidencial 135
31. Querer subir un ochomil sin saber escalar................. 139

32. 1000 kilómetros	141
33. Guerrilla de precios	144
34. Permiso para carteles	148
35. Hacer magia	151
36. Un vacío interior	153

5.ª C > CONEXIÓN — 157

37. Salimos en la tele	161
38. La cena de Navidad	164
39. El viaje de regreso	167
40. Recoge tus cosas	170
41. El regalo	173
42. Autocentro	175
43. El día después	177

6.ª C > COMUNICACIÓN — 179

Apéndice	181
Evaluando tu propia empresa	181
Otros títulos de Jacinto Llorca	185
Contacto	187

En la primera semana, pensaba que no sobreviviría, pero después, creas una especie de adicción con la tienda. Algunas personas nunca quieren dejarlas. Es el corazón de la compañía.

—Marta Ortega, presidenta de INDITEX

Una aclaración antes de empezar

Lo que vas a leer es una colección de historias ficticias inspiradas en hechos reales. Algunos los viví o los presencié yo mismo, pero la gran mayoría está basada en las historias, anécdotas (e incluso confesiones) que me han contado muchísimos gerentes y directivos, jefes de departamento, vendedores y directores de tienda de muy diferentes empresas, e incluso de diversos países, donde nos conocimos en alguno de mis conferencias o de mis *workshops*, o en conversaciones a través de redes sociales.

Todas las marcas, los nombres de empresas y de personas son creaciones ficticias, y cualquier parecido con la realidad es pura coincidencia.

Objetivo: Llegar al corazón de las personas

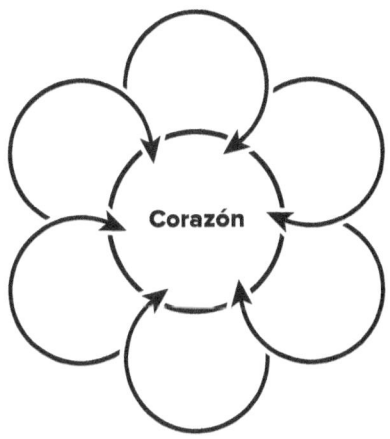

Trabajar en tiendas, en *retail*, ha sido, sin duda, una de las mejores experiencias profesionales de mi vida. Como la de otros muchos profesionales, mi entrada en la tienda fue un tanto inesperada en cuanto a que mi orientación profesional parecía otra, pero está claro que ese era mi camino. Y después este continuó cuando decidí salir de la tienda para seguir vinculado al *retail*, pero desde mi rol actual de conferenciante, autor y acompañante de empresarios, directivos y equipos. Esto me ha permitido conocer cientos de marcas, profesionales, directivos y empresarios y, gracias a esta experiencia, puedo compartir hoy contigo este libro, donde te invito a reflexionar en lo que he llamado *el modelo de las 6 C* para crear equipos líderes que *aúpen* a sus marcas y a sus empresas a un nivel de desempeño increíble, tanto en compañías de *retail* como en otras de cualquier industria.

Luego de determinados capítulos, encontrarás algunos pensamientos de reflexión, que te ayuden a diseñar este modelo 6 C en tu entorno.

El sistema es sencillo, y la clave del éxito reside en la capacidad de la empresa para interiorizarlo, ponerlo en práctica y convertirlo en algo envolvente, de forma que personas y procesos orbiten alrededor de estas 6 C.

Lo hemos escuchado muchas veces: si las personas están felices, atenderán con mayor felicidad, compromiso y excelencia a los clientes, que tendrán una experiencia sobresaliente y se convertirán en clientes recurrentes y prescriptores de nuestra marca. Trabajar con el fin de crear los mejores ambientes de trabajo y liderazgo siempre es rentable. Por eso, en estas páginas, a través de diferentes historias, veremos que liderar desde el corazón para llegar al de las personas que nos rodean no solo es posible, sino que es necesario en un mercado tan sumamente competitivo como el actual.

Si lo hacemos bien, lograr tocar el corazón es la consecuencia derivada. Es allí donde conseguimos llegar cuando, como personas y como empresa, somos capaces de articular estas variables. Ya no se trata de conseguir que nuestros equipos se conviertan en embajadores de marca (cosa que sucederá de forma natural), sino en que, si estamos en su corazón, consigamos un desempeño siempre superior con orientación al reto y a la consecución de uno aún más difícil.

Objetivo: Llegar al corazón de las personas

Se trata de llegar al corazón para que nuestras personas, y nosotros mismos, amemos la tienda, la empresa, la marca.

Empecemos. Comparto contigo las claves.

Así empezó todo

"Papá, ¿esto es de cuando trabajabas en la tienda?", me preguntaron mis hijas, acercándose a mí con mi antiguo chaleco de Sporting de color gris, con una tela superpuesta de rejilla de color naranja y con un gran logotipo de *Sporting* en la espalda. No estaba sucio, pero sí tenía marcas, sombras y manchas, de esas que no se van y que han quedado para siempre en el chaleco. "Sí —les respondí—. Eso es de cuando trabajaba en Sporting". Luego, la mayor de mis hijas continuó preguntando: "¿Y esto fue de cuando empezaste a trabajar o ya trabajabas antes en otro sitio?". De hecho, antes de trabajar en las tiendas, me desempeñaba en el sector inmobiliario. Al comienzo, mi actividad estaba relacionada con la compra y venta de viviendas; luego, desarrollé esta actividad en una promotora inmobiliaria madrileña, que inició una línea de negocio en la costa de Alicante. Este fue mi recorrido hasta llegar a Sporting y, con esto, al resto de mi historia.

1
Todo lo que pasó antes del *retail*[1]

En este punto, realmente, debo sincerarme y admitir que nunca pensé que iba a trabajar en un *retail*, aunque es algo que, de una u otra forma, siempre había visto en casa, ya que mi padre era gerente en Carrestock desde antes de haber nacido yo. Incluso, conoció a mi madre en una sucursal de esa misma cadena que, por aquel entonces, se llamaba *SuperHiper*. Y debo decir que, a pesar de no haber visto a mi padre desempeñarse en su gestión gerencial de esta empresa, de alguna manera, absorbí esa cultura del *retail* y del comercio como parte de la dinámica familiar cotidiana. El asunto es que, cuando finalicé mis estudios universitarios, empecé a trabajar en el sector inmobiliario. Comencé a hacerlo para una agencia en la que vendíamos viviendas usadas. Se trataba de un trabajo dinámico que me permitía hablar con muchas personas, conocerlas y establecer un trato cara a cara. Allí mismo tuve la oportunidad de explotar bastante esa faceta mía. No obstante, me di cuenta de que no estaba en el lugar adecuado, ya que, aunque tenía muchas oficinas inmobiliarias en Alicante, era una empresa cuyo dueño tenía una visión muy limitada. Recuerdo perfectamente cuando, en una ocasión, le dije: "Emilio, creo que sería muy interesante proponerles un cuestionario a nuestros clientes para saber qué podemos mejorar en nuestra actividad". Pero él me

---

1. El *retail* es un sector económico que engloba las empresas especializadas en la comercialización masiva de productos o servicios uniformes a grandes cantidades de clientes.

contestó que mejor no hiciéramos nada porque lo que más propondrían sería que dejáramos de cobrarles nuestro tres por ciento de comisión. En aquel mismo momento, me di cuenta de que no estaba en la empresa adecuada y de que difícilmente podría aprender algo de marketing, mi pasión. Era obvio que debía cambiar de empresa. Así fue cómo llegué a una promotora inmobiliaria de Madrid, que desarrollaría un ambicioso producto inmobiliario también en la costa de la provincia de Alicante.

Recuerdo perfectamente que decidí probar suerte en este proceso de selección, ya que uno de los requisitos imprescindibles era hablar inglés y, durante muchos años —especialmente en la secundaria y en la universidad—, había estudiado ese idioma. Al quedar seleccionado, comencé a trabajar en esta empresa promotora que tenía por finalidad la construcción de unos departamentos turísticos en la localidad alicantina de Benidorm. Se trataba de un producto curioso, de difícil comercialización, debido a que su valor era bastante alto. Sumado esto a la feroz competencia, se trataba de un entorno comercialmente muy hostil. De esta manera, empecé en el área comercial de la empresa, y poco a poco fui recibiendo más responsabilidades, hasta ser el delegado comercial de la compañía en la provincia de Alicante, en tanto que el resto de mis compañeros y de mis jefes estaba en Madrid.

En ese momento, el sector inmobiliario español gozaba de una *salud extraordinaria*. De hecho, cuando uno avanzaba por la autovía con su coche, todo lo que podía ver continuamente eran grúas de obras nuevas que constituían urbanizaciones, muchas de estas de lujo, o de semilujo, junto a campos de golf. Era una época en la que las promociones inmobiliarias de viviendas se anunciaban en televisión y donde el marketing, lejos de necesitar provocar cierto deseo en los consumidores, estaba orientado a comunicar y promocionar los desarrollos inmobiliarios de forma masiva, y a acompañar activamente a los clientes en la toma de decisión de la compra de una vivienda. En aquella época, no se vendían viviendas, sino que se despachaban.

La zona que me había tocado comercializar era muy visitada por extranjeros. Se veía pasar coches de alquiler por un lado y, por el otro, autos conducidos por agentes inmobiliarios de las agencias internacionales, quienes trasladaban a sus clientes —interesados en la compra de inmuebles— directamente desde el aeropuerto hasta las diferentes obras, o hasta los apartamentos y propiedades que podían visitar.

En este sentido, podría decir que el sector inmobiliario gozaba de una excelente salud, hasta que sobrevino la crisis de 2008 y todo se derrumbó. La crisis inmobiliaria golpeó especialmente a este mercado residencial, de vivienda para inversión y, seguidamente, al igual que mis compañeros, pude ver que, además, las entidades bancarias ya no ofrecían líneas crediticias para que las empresas construyeran sus edificios.

Antes de que esta crisis fuera más notoria en las ciudades y en lo que estaba destinado a ser la primera vivienda residencial de una familia o de una persona, la primera caída se notó de forma drástica en todo lo que sería segunda vivienda, ya fuera en zona de la costa o en la de montaña. En definitiva, eran viviendas que no estaban orientadas a ser la primera residencia de una familia. Así fue cómo toda posibilidad de desarrollar el producto en aquella zona —pese a que ya teníamos todos los permisos de obra— se terminó. Ya estaba el proyecto lanzado; incluso se había comenzado con la precomercialización, pero la situación, de repente, empezó a cambiar: dejó de haber financiación. Esto dio comienzo a una crisis galopante, que pronto se vendría encima por completo; debido a esto, se tomó la decisión de cerrar las operaciones de la compañía de la provincia de Alicante. Frente a esta situación, yo podía regresar a trabajar a Madrid, donde se encontraba la sede central de la empresa —si es que había un lugar para mí— o a una de sus empresas aliadas dentro del mismo grupo empresarial (o, tal vez, optar por ser despedido y empezar una nueva trayectoria profesional, que fue lo que finalmente acordamos). De este modo, finalizó mi periplo en el sector inmobiliario.

Fue entonces cuando decidí que quería afrontar un nuevo reto profesional: el camino del *retail*, el comercio y la distribución. Y así comencé mi búsqueda de empleo en un nuevo sector. Debo decirte (y debes saber) que mis primeras opciones siempre estuvieron muy orientadas a la distribución del producto en sí, pero también me llamaban la atención los sectores de gran consumo muy relacionados con el *retail*, puesto que los productos de consumo posteriormente son vendidos a través de un canal de distribución. Así fue cómo participé en un proceso de selección para una famosa marca de productos lácteos y, al mismo tiempo, estaba evaluando en qué cadena de *retail* yo quería trabajar. Aquella experiencia con la marca de lácteos fue interesante, y llegué muy lejos en el proceso de selección. Pero, en un momento, me di cuenta de que no iba a ser el mejor sitio para mí. Sin embargo, yo seguía empeñado en trabajar en *retail* y, por eso, empecé a considerar qué marcas, qué empresas eran las que más me llamaban la atención. Era cierto que había tenido una gran responsabilidad al manejar presupuestos considerables en el sector de la promoción inmobiliaria y que también ya tenía una formación que acaba de finalizar con un máster en dirección de marketing y en gestión comercial: conocimientos frescos y renovados que podía aportar a cualquier empresa. Aunque, con el tiempo, descubrí que aún me quedaba mucho por aprender.

Me decidí, entonces, por buscar y seleccionar las mismas marcas que yo mismo consumía y que me agradaban mucho como consumidor, para enviarles mi currículum. De esta manera, descubrí que Sporting, la marca de deportes originaria de Francia, era uno de mis sitios preferidos y el lugar donde quería trabajar.

Mi planteo fue el siguiente: aunque ya en aquella época se podía mandar el currículum de forma online a través de la página web de la empresa, siempre pensé que esa acción no era suficiente, y convenía dar un paso más allá. Decidí, entonces, ver dónde estaban las tiendas más cercanas a mi domicilio —en aquel momento vivía en Alicante— para llevar, en mano, mi portfolio de trabajo y formación. Preparé un sobre con todos los papeles detallados, y me dirigí a la tienda ubicada en Alicante, pero también en Cartagena y en Murcia (localidades relativamente próximas a Alicante). Además, busqué el nombre del director de cada una de las tiendas (en la página web antes aparecía el nombre del director), para que la carta estuviera dirigida a su nombre, y dentro coloqué la carta de presentación y una síntesis de mi trayectoria profesional. Sabía que esto tendría un impacto positivo. Nunca dudé de esta acción, y fue por eso que la llevé a cabo.

Al poco tiempo, recibí la llamada de la tienda de Cartagena. Ramón, el director en aquel momento, me citó para hacer una entrevista un sábado. Después descubriría qué importancia tendrían las entrevistas de los sábados debido a la *casualidad* de que yo justamente la había realizado en ese día. Al terminar esa reunión, regresé a mi coche y vi mi teléfono con una llamada perdida de la directora de la tienda de Murcia, que quería entrevistarme *casualmente* al mismo tiempo que estaba haciendo la entrevista en otra tienda de Sporting. Luego, supe que, entre los directores, habían hablado y decidido qué sucedería con mi candidatura.

El caso fue que la entrevista con Sporting resultó muy positiva: me sirvió para darme cuenta de que yo gustaba mucho como trabajador y de que ya no tenía que venderme como candidato, sino que ellos me vendían a mí la cultura de la marca. Me parecía muy interesante que esta propuesta encajara conmigo y con lo que ya había investigado de la marca, de la empresa, antes de postularme como candidato. Yo, simplemente, llevé una postulación más espontánea; en ese momento, no había ningún puesto vacante, pero sí sabía que, estando presente en el lugar y momento adecuados, siempre habría más posibilidades. Efectivamente, fue así como me ofrecieron el puesto de responsable de sección, que no deja de ser el de un jefe de departamento o de sección.

¿Sabes lo que pasó en ese momento?, rechacé la oferta que me hicieron. Los motivos fueron varios pero, en aquel momento, me pareció que el salario era escaso y también temía que mi calidad de vida se resintiera debido a los horarios tan prolongados que tiene la tienda (si bien una constante del *retail* es que sus horarios sean muy extensos). Aunque en aquel momento era muy joven, preveía esta cuestión del horario como una posible dificultad a mediano plazo. Sin embargo, esto no me asustaba: ya conocía el mundo de la distribución, donde tienes a cargo una tienda que, en realidad, es como una oficina de atención al público, que cierra muy tarde y que abre fines de semana y días festivos, y hace que, cuando todo el mundo está paseando con la familia, tú estés trabajando en la tienda.

Al evaluar todo esto, pensé que la compensación económica que me ofrecían no era suficiente, y decidí rechazar la oferta de Sporting. Pero, a pesar de haber declinado, algo en mi interior me decía que podría ser una buena oportunidad trabajar en una empresa de tal envergadura, una multinacional llena de grandes marcas. Hasta ese entonces había estado trabajando en el entorno de las pymes y me seducía poder lanzarme a ese *viaje corporativo*. Como dudaba de la respuesta que había dado, le pedí un consejo a un gran maestro para mí, mi amigo Juan Luis Garrigués, quien había sido mi mejor profesor. En mi máster en Marketing, él fue profesor de dirección de personas, de gestión de talento, de todo lo que tiene que ver con Recursos Humanos y fue también el mejor profesor que tuve, sin ninguna duda. Es curioso, ¿no?, cómo, en un máster de Marketing, el mejor profe no era de Marketing, sino de Gestión Humana. Decidido, fui a verlo a Valencia; lo invité a que comiéramos juntos, para así poder comentarle las dudas que tenía sobre Sporting, sobre la oferta, y saber si, realmente, esta elección sería tan buena como yo pensaba, o no.

Juan Luis hizo la averiguación necesaria y, efectivamente, me confirmó que Sporting iba a ser una muy buena *escuela*, especialmente de *management* y de liderazgo. Si bien era cierto que el salario era poco atractivo, supe que sus consejos me orientarían en la manera correcta de reactivar esa propuesta que había rechazado. Sus consejos me acompañaron toda la vida; me enseñaron a saber cómo liderar, cómo gestionar, cómo motivar a personas y a equipos de trabajo. Sin duda, ese encuentro con Juanlu en Valencia fue determinante para que llamara a Ramón, de Sporting, y le dijera que quería incorporarme a la empresa, que lo había pensado dos veces y que, desde aquel momento, me integraría.

2
Un buen recibimiento

Mis primeros tiempos en Sporting fueron realmente apasionantes; cada día suponía un nuevo aprendizaje. Estaba ante un mundo lleno de posibilidades tremendamente ilusionante, donde pasaban cosas divertidas, donde parecía que por fin iba a poder estar en un mundo en el que tener una plena orientación al cliente podía ser combinado con marketing y con ventas. Realmente, estaba muy ilusionado. El departamento que me asignaron fue el de deportes de raqueta. Esto suponía que iba a vender todo lo relacionado con algún tipo de deporte de raqueta: tenis, pádel, ping-pong o tenis de mesa, squash, bádminton y otras modalidades que llamábamos *out-court*, que yo llamaba *juegos de campo* o *juegos de playa*. Consistían en palas para jugar en la playa, e inclusive todo otro tipo de raqueta (todo relacionado con un uso recreativo o familiar).

En este rol, no solamente tenía la responsabilidad de la organización del material (es decir, de las raquetas o de las pelotas de tenis), sino también de todo lo relacionado con el textil. Me refiero a toda la ropa que se utiliza para la práctica de estos deportes, sumado al calzado y a las medias, y a calcetines deportivos. Recuerdo que teníamos dos estanterías de doce metros lineales ocupados por calzados deportivos. ¿Puedes imaginártelo? Cada prenda textil había que multiplicarla, ya que hablamos de ropa para niños/as, mujeres, hombres, así como también de diferentes tallas. Y no puedo contarte lo que suponía el control de todo el calzado… números, colores, modelos, etc. Todo este departamento, junto a un equipo, estaba bajo mi supervisión.

Un buen recibimiento

El equipo estaba formado por cuatro personas, a las que siempre recordaré: Tenorio, un hombre alto, grandote, antiguo jugador de balonmano (su posición había sido la de arquero); Josep, cuya pasión era el fútbol, y también jugaba muy bien tenis (él jugaba en categorías amateur de fútbol en aquella zona, en Cartagena); y Alcaraz, que era un experto en tenis: había tenido un desempeño fabuloso mientras había jugado en las categorías Infantil, Cadete y Junior. En su época universitaria, seguía practicando este deporte, en el que era muy bueno. Sin embargo, estaba más enfocado en su carrera universitaria (los vendedores en Sporting son todos estudiantes). El cuarto vendedor era Tristán, un joven supervoluntarioso, a quien no le interesaba hacer una carrera relacionada con el comercio, ni ninguna otra empresarial: él quería ser Policía Nacional (en aquella época, Tristán estudiaba para eso).

Esos tiempos fueron realmente buenos, ya que el recibimiento que la tienda me brindó fue extraordinario; me permitió desempeñar mis funciones de la mejor manera posible. Nada fue mágico: hubo una sucesión de hechos que hicieron que la tarea funcionara como yo esperaba. En primer lugar, se brindaba una formación inicial impartida directamente sobre el terreno específico, la cual estaba a cargo de un compañero que me asignaron como tutor: el más veterano de la tienda. En mi caso, estuvo a cargo de Manuel Ángel Quiñones. Él era mi tutor y me guiaba en estos primeros pasos sobre la tarea que se hacía en la tienda, su funcionamiento, y todo lo necesario para que pudiera integrarme a ese mecanismo de trabajo, y así garantizar el trabajo de mi sector. Aprendí mucho de él; su dedicación y su profesionalismo eran realmente sobresalientes. En segundo lugar, y como complemento de esta tutoría, tuve dos semanas especiales de formación: una relacionada con el oficio de ser responsable de sección, y luego, otra especializada en deporte.

Y aquí me detengo en mi relato de la formación para contarte que, si bien vendía todo lo relacionado al deporte de raqueta, nunca había tenido una relación seria con este tipo de deportes, ni con el tenis, ni con el squash, ni con el frontenis, ni con el pádel ni con nada. En alguna ocasión, jugué algo de tenis y frontenis con mis compañeros en mi época universitaria, y practiqué otro poco de ciclismo pero, realmente, mi pasión era el baloncesto.

¿Qué piensas que hice entonces? Claramente, empecé a alimentarme de todo lo relacionado con este deporte para convertirme en el mejor vendedor de tenis del mundo, que llegué a ser sin ninguna duda, ¡o al menos siempre me preparé para ello! Y, ¿sabes lo que pasó? El excelente recibimiento que la tienda me brindó me permitió interiorizarme rápidamente en saber que era importante en la compañía. Esto hizo que empezara a ser lo más productivo posible en mi puesto de trabajo, ya que sabía la apuesta que la compañía estaba haciendo en mí... La empresa me permitió rápidamente estar en el lugar adecuado para empezar a ser lo más productivo y que esa inversión le reportara beneficios inmediatos. Muy pronto descubrí qué era mover un lineal y en qué consistía la esencia del comercio según lo que quería Sporting, qué sistemas internos eran importantes para la empresa y cómo estaba todo organizado. Este rápido descubrimiento, poder comprender cómo funcionaba todo y, dado el buen recibimiento que tuve, me permitió que yo fuese productivo cuanto antes.

Para pensar...

- ¿Cómo es el recibimiento en tu tienda?
- ¿Se logra que la nueva incorporación rápidamente se sienta valorada y comience a ser productiva?

- ¿Hay alguien preocupado por que una nueva incorporación sea lo más exitosa posible?
- ¿Es bueno el recibimiento tanto para el personal de planta como para los empleados de sectores intermedios o los jefes? ¿O en tu empresa la buena recepción solo se focaliza en los puestos intermedios o superiores, descuidando la integración del personal de base por considerarla innecesaria?
- ¿Cómo fue tu llegada cuando te incorporaste en tu empresa? ¿Qué te hubiera gustado que fuese de una forma distinta? ¿Y cómo puedes tú ahora influir desde tu perspectiva para que la bienvenida que se hace a los nuevos empleados sea la óptima, con la finalidad de que la persona tenga una buena sensación y para que, desde el primer momento, consigas que las personas que trabajan en la tienda se conviertan en las primeras embajadoras?

3
Valores desde el primer día

Una de las cosas que más me llamaron la atención en mis inicios en el mundo de la distribución, especialmente en Sporting, fue el interés y énfasis de la empresa en que yo pudiera descubrir cuál era la misión, visión y valores de la compañía desde mi incorporación. Si bien estos principios hoy para ti, querido lector, no son relevantes, sí lo es el hecho de la insistencia en que estos ejes (así podríamos llamarlos) se hicieron carne en mí. El fin no era verlos como un cartel bonito que se cuelga en los pasillos de las empresas, en la sala de empleados o de reuniones, de manera que quienes lean el cartel sientan que esos valores son parte del lugar y están allí presentes. El objetivo tampoco era que los aprendiésemos o los repitiéramos como loros continuamente como si fuese un mantra. La intención que a mí sí me transmitieron fue que las decisiones allí siempre se tomaban a partir de los valores, visión y misión de la compañía.

De esta manera, yo me sentía contribuyendo a que esa visión, ese objetivo a mediano y/o largo plazo se hicieran realidad más rápidamente, lo que a la vez fortalecía mi permanencia y mi posición relevante en la empresa, y me permitía lograr el mayor éxito posible en cada desafío.

Con el tiempo, descubrí que, en muchas tiendas, estos principios son solo teoría, como algo bonito y decorativo, o estético. Fíjate en que queda muy lindo, y hasta parece musical, decir que nuestros valores son el trabajo en equipo, el respeto a las personas, la orientación al cliente. ¿A quién no le parece correcto seguir estos principios? Por eso es importante que hagamos ese trabajo de *branding* interno, mediante el cual identificamos realmente cuáles son nuestros valores y, una vez identificados, que sean puestos en marcha para que no queden simplemente en una declaración de buenas intenciones y obviedades, sino que, realmente, constituyan esa palanca que permite que las cosas que suceden en la compañía tengan un sentido.

Para pensar...

- ¿Cómo es la misión, visión y valores en tu compañía?, ¿hasta qué punto son trascendentes internamente?, ¿y externamente?
- ¿Son estos principios comunicados a los empleados, a los compañeros, a los colaboradores desde el primer día?
- En tu trabajo diario, ¿son respetados y puestos en marcha todos estos principios o son una mera declaración de intenciones que quedan muy bien en una página web o en un cartel?

4
La preparación del mánager

Un parte muy importante de mi integración en Sporting, de la que luego he observado cómo en cada caso lo interpretan a su manera (también en las empresas en las que trabajé como directivo en una etapa posterior), fue la formación inicial sobre *management*, gestión de equipos, relaciones interpersonales y liderazgo que aquí se brindaba. De hecho, toda esta formación se consideraba primordial, por encima de tu especialidad en el producto, de tu experiencia en el deporte en el cual te desempeñarías y del que llevarías a cargo su comercialización.

Así fue cómo conocí a mi buen amigo Wally Herrera. Él era el formador especializado en *management*, la persona que recorría las tiendas o regiones de España, formando al personal que tenía un equipo a su cargo. Su visión estaba muy influenciada por lo que había aprendido en la casa madre o casa central, situada en Francia, a lo que podemos sumarle el hecho de haber conocido al creador de la marca Jules Dubois, fundador de Sporting. Wally era capaz de transmitir vivencias que no estaban escritas porque él las había vivido, había convivido con estas y sabía de qué estaba hablando. Su caudal de información había sido influenciado por el mismo fundador de la compañía y sus máximos colaboradores.

En este tiempo aprendí la importancia que tienen la comunicación, el liderazgo, el saber decir las cosas, un conjunto de detalles que hacen que un equipo de colaboradores ascienda a un nivel superior y que lo dé todo en el campo de juego, para alcanzar así todos los objetivos propuestos. Sin embargo, una de las cosas que me llamaron mucho la atención fue la profunda e intensa formación que recibimos en cuanto a la selección y reclutamiento del personal. Un buen jefe de sección debe tener las herramientas necesarias que lo ayuden a incorporar al personal idóneo. Y no solo me refiero a una selección, sino a la capacidad de poder distinguir el perfil y valores (tanto técnicos como personales) de quienes estaríamos incorporando a nuestro equipo.

Otra de las enseñanzas de Wally que siempre me han acompañado es acerca de la importancia de estar continuamente haciendo entrevistas, ya que nunca se sabe cuándo vas a necesitar a alguien. En un momento dado, una de las personas de tu equipo podría marcharse, y surgirá la necesidad de llamar a alguien para que pueda cubrir ese turno, y este cambio debería hacerse sin detener la calidad de la producción que persigues día a día. Y no solo eso, sino que, al entrevistar, puede también aparecer una persona interesante, con mucho potencial, y te hace pensar: "Esta persona debería estar trabajando con nosotros". Así fue cómo, efectivamente, por un motivo u otro, estaba alerta buscando y seleccionando al mejor talento y, de esta manera, aprendí a hacer estas entrevistas, comprendiendo la importancia que tenía dedicarle el tiempo adecuado.

¿Y qué ocurría si en ese momento encontrabas a alguien realmente muy bueno, pero al que, por diferentes circunstancias, no podías contratar? Directamente, tenías que inventar algo para poder emplearlo, aunque no fuese para tu departamento. Hablarías con el director de la tienda para que también conociera a esa persona y, si realmente observaba también ese potencial que había llamado tu atención, buscaría la forma de incorporarla de alguna manera o, simplemente, la pondría primera en la lista. De esta manera, cuando tuviese que hacerse algún tipo de contratación, aunque no fuese para tu departamento —que es lo que tú más podrías desear—, pudiera incorporarse allí donde fuese necesario.

Otra de las consignas en las que hacía hincapié (pero que, a mi entender, no era muy acertado) era buscar a esa persona que, en un tiempo cercano, pudiera llegar a ser mi jefe. Quizás como pensamiento puede estar bien, pero te invitaban a buscar personas de una alta excelencia, tan alta que, muchas veces, había buenas opciones de contratación que podían descartarse por no llegar a ese nivel de futuro jefe. Además, aunque haya personas que puedan evidenciar sus dotes de liderazgo prontamente, hay otras que brillarán cuando se trabaje con ellas.

Para pensar...

- ¿Qué tipo de formación basada en el *management* se brinda en tu empresa?
- ¿Es realmente válida para afrontar las tareas del día a día?

5

Tener buena cabeza

Trabajando en una tienda, no te imaginas las situaciones de lo más variadas que vives; de hecho, podríamos tener un libro exclusivamente de anécdotas de tienda. Recuerdo que, en una oportunidad, durante el verano, una señora se acercó con dos niños pequeños y, si bien no era una cliente habitual, era la segunda vez que concurría al lugar. Supongo que era una mujer que estaba vacacionando allí y acudía a la tienda para comprar aquello que necesitaba.

Esta mujer daba vueltas alrededor de los pasillos de la tienda, justamente donde estaba todo el textil de tenis —mi sector a cargo— cuando, en un momento determinado, me preguntó dónde estaban las gorras. Le indiqué el lugar en el que estaban, y le aclaré: "Son de color blanco, porque están pensadas para tenis".

También le ofrecí algún tipo de indicación técnica sobre por qué las gorras que teníamos eran adecuadas para la práctica de deportes de raqueta. Y allí estaba la señora caminando estresada por los pasillos con los niños que revoloteaban alrededor de los percheros, tirando las prendas al suelo. Realmente, todo era desastroso.

Observando todo este caos, la mujer se acercó y me preguntó: "A ver, ¿puedes ponerte tú la gorra?". Cuando me planteó esto, me quedé con cara de no saber qué contestar y respondí: "¿Cómo?". Y, antes de que pudiera seguir hablando, me insistió: "Sí, por favor, póntela, que tú tienes la cabeza tan gorda como la de mi esposo, y quiero saber si a él le va a venir bien".

Así fue cómo me puse una gorra que no era para mí, sino para el "señor esposo" de esta señora, que al parecer tenía un perímetro craneal similar al mío, y eso me convertía en *cabezón*.

Si bien ahora me río de esta situación (y me imagino que tú también lo estás haciendo), esta situación nos sirve para darnos cuenta de que, al estar en atención al cliente, al relacionarnos con consumidores, al estar en contacto con los usuarios, directamente con esa persona que, en definitiva, paga nuestro salario gracias a sus compras, estas cosas pueden pasarte.

Las personas te sorprenden, y pueden ir por donde menos te lo esperas. Aquí uno se plantea (yo me lo tomé a bien): ¿qué hubiese pasado si no te lo tomas a bien, si tienes un desagravio con el cliente? ¿Por qué me está llamando *cabezón*? ¿Por qué me dice que tengo la cabeza gorda? No todas las personas están preparadas para afrontar determinado tipo de actitudes que los clientes pueden tener en la tienda.

Para pensar...

- Las personas que trabajan contigo en tu tienda, tu equipo de colaboradores, las personas que están en contacto con los clientes, consumidores o usuarios, ¿tienen la actitud adecuada para saber que, cuando estás tratando con clientes, puede pasar cualquier imprevisto?
- ¿Tienen las personas a cargo la actitud y las habilidades sociales para responder adecuadamente a situaciones como las que me ha tocado pasar, y estar a la altura de las circunstancias?

6

Cómo vender tenis de mesa

Si había un producto en mi sección de deportes que disfrutaba muchísimo vender eran las mesas de ping-pong. En nuestro stock, teníamos de dos tipos: las de interior y las de exterior. Conocía perfectamente sus características y qué cualidades diferenciaban una de la otra. Para mí era un reto vender este tipo de producto, ya que su venta no era nada fácil. Por un lado, su precio era alto. Si bien teníamos una mesa de primer precio (realmente, accesible), luego empezaba una escalada de precios, hasta llegar a unos importes altos: era uno de los productos más caros que podíamos tener en la sección.

No solo es un producto desafiante dado su valor, sino también porque es un producto que no puede llevarse por sí mismo el cliente a su domicilio una vez que realiza la compra. Piensa que una mesa de ping-pong es como un mueble de ORSK, que se vende totalmente desmontada, en una caja muy plana, extremadamente grande, la cual puede pesar entre veinte kilos y setenta kilos. Esta caja, además, no puede doblarse de ninguna forma, de manera que se necesita un vehículo muy grande para poder llevar contigo tu adquisición.

El otro reto que representaba la venta de una mesa de ping-pong era que los márgenes comerciales que nos dejaba eran razonablemente bajos. Esto nos llevaba a tener que trabajar muy bien la venta complementaria y la venta cruzada para que, junto con la venta de accesorios, consiguiéramos levantar el margen, y así hacer que la venta resultara interesante. No se puede perder la oportunidad de vender raquetas y pelotas de tenis de mesa, alguna funda, algún tipo de espray con un limpiador especial para limpiar la superficie de la mesa de ping-pong. En definitiva, una serie de accesorios que hacían que nuestro margen subiera.

La venta de este tipo de mesas tiene, además, una característica especial: es muy estacional. Existen tres momentos oportunos para vender este tipo de producto: dos especialmente muy buenos y un tercero que no funcionaba nada mal.

El primero de estos era durante la Navidad: se vendía muy bien como regalo que hacían *Papá Noel* o los *Reyes Magos* (que tenemos en España). Luego, se vendía muy bien en verano, puesto que nuestra tienda está ubicada en una zona de la costa, en donde muchas personas tienen su segunda residencia, y el tenis de mesa es un deporte muchas veces asociado a esa típica casa en la playa que tienen muchas familias. Además, es un deporte muy social; se juega con otra persona, entre amigos, entre familiares, por lo que, en verano, se vende mucho. En menor medida, también podía venderse con motivo de ser un regalo para un niño o niña que hiciese su Primera Comunión, fecha para la cual también se vendían bicicletas.

En ese tiempo, sin pecar de orgullo, puedo decirte que era el mejor vendedor de mesas de tenis, no solo de España, sino del mundo, condición que me motivaba a desafiarme frente a cada oportunidad de venta. Así, mi confianza aumentaba, y esto me permitía superar nuestra cifra de ventas a diario. Tenía una gran facilidad para vender este tipo de productos. Además, se me permitía tener iniciativa propia para activar promociones especiales, estrategias comerciales; establecer alianzas con terceros; y, en general, todo lo que pudiera hacer para vender más. Entonces, una de las claves para ser una referencia en ventas de mesas de ping-pong era adelantarnos y comenzar las ventas lo antes posible porque, si retrasábamos el momento comercial a aquel cuando todo el mundo vende, era muy fácil que los almacenes centrales se quedaran sin el stock necesario y que dejáramos de vender todo lo que podíamos vender en aquel momento.

Esto, en verano, es más difícil porque es un período que abarca varios meses y, además, en una región como la que estaba mi tienda (donde hay buena temperatura), puedes empezar a tener ventas relacionadas con el verano en el mes de mayo (aunque el verano empiece más tarde). Pero, en el caso de la Navidad, era más complicado porque eran muchas las tiendas que vendían bien este producto: el stock siempre es limitado (nunca es ilimitado: nada lo es en la vida). Había que activar cosas para vender bien. Entonces, con mi equipo, lo que hacíamos en mi tienda era anticiparnos.

La anticipación consistía en que, cuando los clientes, unas semanas antes de Navidad, iban a la exposición a ver las mesas, preguntaban los precios y, cuando ellos mismos preparaban el terreno de lo que comprarían, en ese momento, ofrecíamos algún tipo de promoción irresistible. Y esta consistía en "Si usted compra ahora la mesa, antes de X fecha, le bonificamos el transporte o el montaje gratis".

Recuerda que la mesa se vendía desmontada y el cliente era el que debía transportarla. Y, si bien su montaje no es difícil, hay que dedicarle un par de horas, hacerlo entre dos personas, seguir las instrucciones y no equivocarse. Si la Navidad en España y en todo el mundo comienza un 24 de diciembre y es cuando empiezan a entregarse regalos, yo ya en el mes de noviembre estaba vendiendo mesas de tenis de mesa y le ofrecía al cliente el transporte o el montaje gratis. ¿Qué conseguía con esto?, adelantar la demanda y asegurar la venta de este producto a muchas familias que estaban pensando en comprarlas, de forma que garantizaba el stock de producto antes de que se produjeran roturas de stock y desabastecimiento de este producto.

Esta estrategia tenía también otra ventaja muy interesante: nosotros vendíamos las mesas antes que cualquier otra tienda, de manera tal que renovaba el stock todo el tiempo. Luego debía ponerme de acuerdo —y a veces discutir un poco— con el responsable del almacén, para que me dejara tener un poco de stock de sobra en el almacén porque, obviamente, una vez que se ha vendido una, hay que hacer sitio para lo que va a venir, pero ya me las ingeniaba yo para que me mandaran más unidades. De hecho, era importante tener una relación muy fluida con el jefe de producto y el responsable de aprovisionamiento de la compañía, que me echaban una mano sabiendo de mi proactividad comercial. Pero yo conseguía retener aquellas mesas durante dos, tres o cuatro semanas, para que me diera tiempo a seguir vendiendo y a seguir recibiendo stock.

Otra manera de promocionar este producto era gracias a que teníamos las mesas de tenis de mesa siempre en *estado de juego*. En *estado de juego* quiere decir que las mesas (llegamos a tener dos o tres) estaban abiertas, en medio de la tienda, y poníamos, a disposición de los clientes, palas, es decir, raquetas de tenis de mesa y alguna pelota, de manera tal que las personas allí mismo podían jugar con la mesa de ping-pong. Muchas veces, esto era un engorro porque se organizaban auténticos campeonatos, donde la gente se tomaba muy en serio el tema de jugar, en especial los niños y los jóvenes. Pero, al mismo tiempo, evidenciaba que teníamos mesas de tenis de mesa; es decir, las personas podían verlas directamente sin la necesidad de un catálogo o de una pantalla (si bien en los catálogos había diferentes modelos).

También permitía que los niños y jóvenes que se estaban interesando en este producto imaginaran por un momento tener una mesa de tenis en su casa, y así se veían jugando con amigos, con sus padres, con familiares, de manera que en cierta forma podríamos decir que estábamos potenciando su deseo y esa necesidad de ocio, de deporte y, al mismo tiempo, descubrir un deporte que, a lo mejor, tenía olvidado o dormido. Realmente, vendíamos muchas mesas de tenis de mesa; mi sección y mi departamento a cargo vendía muy bien, y se me daba genial.

Para pensar...

- ¿Qué podrías hacer tú en tu tienda, en tu negocio para anticiparte a esos momentos de pico de venta en los que el stock desaparece, en los que todo el mundo tiene prisa, en los que hay problemas para poder abastecer a los clientes y en los que empiezas a perder ventas por no haber tenido esa previsión?
- ¿Qué podrías hacer que no te demande un costo importante y que sea sostenible para ti y para tu empresa?

1.ª C
CAPACITACIÓN

Te presento el primer componente de mi modelo de las 6 C:

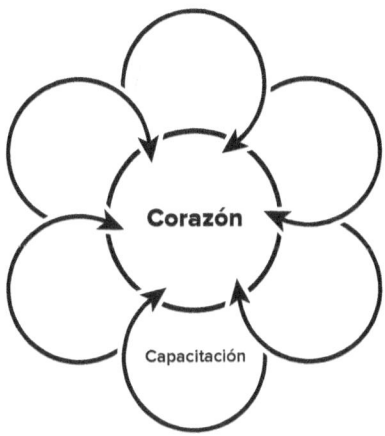

La formación profesional y personal son imprescindibles en las empresas que deseen avanzar hacia posiciones de liderazgo. El desarrollo personal de cada uno de los miembros del equipo contribuye a un desarrollo colectivo que se convierte en corporativo. Sin capacitación no hay desarrollo; sin desarrollo comienza la apatía, y aparecen los brotes de desinterés ante la ausencia de reto.

La capacitación es una constante que nunca acaba. Si las empresas viven en entornos cambiantes, la actualización de conocimientos y el desarrollo de habilidades han de ser permanentes.

La formación ha de estar preparada, organizada y estructurada. La improvisación no es posible si se desea que sirva de forma constructiva y con orientación a futuro. Una sesión de capacitación es una oportunidad de fidelización al cliente interno.

La capacitación debe estar a cargo de personas con capacidades contrastadas que sean valor de ejemplo en aquello sobre lo que imparten formación.

Todo momento de reunión es una gran oportunidad de capacitación. No importa si el evento es grande o pequeño; la oportunidad se construye con nuestra actitud por querer compartir conocimientos y experiencias.

La formación debe ser no solo de tipo técnico o empresarial, sino aquella que también ayude al propio desarrollo personal y emocional de las personas. Si se está bien, se trabaja mejor.

Todas las personas de la organización deben recibir la capacitación y actualización de conocimientos de forma permanente. Esto es independiente de su nivel jerárquico, salario o tiempo de experiencia en la empresa.

7

El respeto al tiempo libre

Muchas veces, para poder reunir a toda la tienda al mismo tiempo, se recurre a horarios en los que o bien no estás en tu turno en ese momento o bien tienes que concurrir a horarios en los que el resto de los compañeros están disponibles. La tienda ya está cerrada al público, y allí mismo comienza la reunión. Por ejemplo, si una tienda cierra a las diez de la noche, la reunión hay que empezarla alrededor de las diez y media, lo que hace que dicha reunión termine entre las once, once y media o doce de la noche. Normalmente, a los colaboradores que asisten fuera de su horario laboral o que van exclusivamente, se les paga el tiempo de esas horas. Sin embargo, aunque el tiempo de la reunión sea abonado, muchas veces, el tener que acudir exclusivamente a estos encuentros no es del agrado de nadie.

Otra actividad que fomentan muchas tiendas y empresas es llevar a cabo actividades *outdoor*, ya sea desde ir a un campo, a una playa, así como a un hotel, para llevar a cabo actividades que fomenten el compañerismo. Las grandes cadenas son muy aficionadas a este tipo de encuentros, sobre todo cuando su plantilla de personal, sus equipos están integrados por jóvenes. El domingo es cuando deciden hacer actividades y que vaya todo el mundo. Y, si bien es una buena iniciativa, ¿sabes lo que pasa? Cuando cierta parte de tu personal lleva sus tareas en tiendas que trabaja todos los días de lunes a sábado y la mayoría de los domingos (o todos), el hecho de citarlos este día (aunque el fin de compartir es muy loable), al ser el único día libre que tienen, no es bueno. No es una buena idea tener los domingos ocupados por actividades en el que las personas volverán a encontrarse con quienes comparten todos los días. Esto siempre es un tema delicado.

Tanto las tiendas como las empresas tienen que plantearse que, si desean hacer actividades *outdoor* o fuera de la tienda, eventualmente, un domingo o jornada de descanso, también deberían ser jornadas pagas. Esta es una opción válida aunque, en el mundo en que vivimos, muchas personas optan por una mejor calidad de vida en vez de una retribución económica. En un día libre, en el que se puede estar en familia, con amigos, uno quiere hacer lo que desea. Invitar a una actividad que, en cierta medida, es obligatoria no siempre es tomada bien.

Pensemos en alternativas y en cómo utilizar la tecnología que hoy tenemos a nuestro servicio para llevar a cabo este tipo de reuniones. Si bien a través de una videoconferencia no tendremos la misma riqueza que en un evento presencial en el que podemos hacer dinámicas cara a cara, priorizamos el tiempo de descanso del personal. Pero sí, una vez al año, podemos pedirle al equipo el esfuerzo de renunciar a un domingo o a un día especial para compartir todos juntos y llevar a cabo las actividades planeadas por la empresa. De esta manera, hacemos que ese día sea estupendo y que la gente lo pase genial y lo recuerde positivamente.

Con respecto al resto de la comunicación —si es tan complicado reunir a todo el staff—, hagamos el encuentro de forma virtual y sigamos trabajando sin detenernos, que es de lo que finalmente se trata.

Para pensar...

- ¿Cómo se lleva a cabo este tipo de encuentro en tu empresa?

El respeto al tiempo libre

- ¿Se le pide al personal que asista fuera de su horario o que, directamente, venga un fin de semana, o una noche, o una mañana muy temprano, o a horas intempestivas, con el objetivo de celebrar la reunión?
- ¿Existen mejores opciones para que las personas asistan más motivadas y más contentas a este tipo de encuentros?
- De planearse una actividad en un día no laborable, ¿se involucra a las familias de los trabajadores? Una buena opción es planear actividades para sus familiares, mientras que el personal de la firma puede llevar a cabo sus reuniones de trabajo. Creo que esta es una buena medida por implementar por parte de muchas empresas.

8
Jamones

Durante toda una noche, estuve preparando en nuestra tienda la sección de deportes de raqueta con sus nuevos modelos, con las nuevas colecciones del producto, que había que posicionar. Lo hicimos con mucha ilusión; teníamos todo lo necesario, tanto los productos como los materiales técnicos; además, las instrucciones de cómo debíamos mostrar cada artículo estaban muy claras. Sabíamos de qué manera queríamos impactar positivamente en el lineal, hacia dónde iba la tendencia, qué productos eran los que teníamos que destacar por encima de otros. Y lo más importante era que yo estaba rodeado de mis vendedores, de ese equipo de trabajo consolidado que hacía que mis propuestas se hicieran realidad, lo que sin ellos hubiera sido realmente imposible.

Habíamos estado trabajando de noche, así como lo habíamos hecho en tantas otras presentaciones. Normalmente, a las diez de la noche, cuando la tienda apagaba sus luces (nosotros dejábamos encendidas las que iluminaban nuestra sección), al cerrarse, nuestro trabajo comenzaba: quitábamos los productos exhibidos y colocábamos aquellos que había que reubicar. El movimiento era tal que, muchas veces, no solamente necesitábamos a los vendedores de mi sector para llevar a cabo toda esta tarea, sino que teníamos que pedir la colaboración a otros vendedores especialistas de la tienda para que pudieran ayudarnos en ese movimiento lineal, para que todo saliera con excelencia.

Trabajábamos muchísimas horas, y rápidamente. El objetivo era que todo debía estar perfecto antes de la apertura, al día siguiente, a las diez. Teníamos un límite de doce horas, pero recuerdo que, alrededor de las cuatro o cinco de la mañana, ya habíamos finalizado. Cuando todo el mundo tiene claro qué función lleva a cabo, este tipo de operaciones no son complejas. Al finalizar, tomé fotografías de cómo había quedado el lineal; realmente, estaba bonito: habíamos expuesto diferentes productos, muchos de estos colocados en maniquíes. Para mí y para todos los que habíamos estado trabajando, aquello había salido muy bien.

Al día siguiente, tuvimos una visita muy especial: el director regional. Un director regional en una marca de *retail* es una persona que ya tiene una amplia experiencia, dado que, normalmente, ha sido jefe de sección, y posteriormente director de tienda. En su nuevo rol, gestiona una cartera de varias tiendas que visita regularmente para ver qué tal son sus indicadores (aunque ya los puede, obviamente, ver on-line), cómo están los equipos, qué sensaciones transmite la tienda; evalúa el *merchandising* (bueno, malo o regular), y todo lo que pasa regularmente en la tienda.

Como puedes imaginarlo, a pesar de haber dormido solo un par de horas, estaba en mi tienda, listo para recibirlo. En un momento dado, se hicieron presentes el director regional y el director de la tienda, para dar un paseo por la tienda, valorando en qué estado se encontraba cada uno de los metros lineales que tenía el local, al tiempo que proponía sugerencias y mejoras a implementar. Recuerdo perfectamente el optimismo que tenía cuando llegamos a mi departamento. Él miró toda la parte del textil que teníamos para jugar al tenis: pantalones cortos, camisetas, accesorios, y me preguntó: "¿A ti te gusta esto?". Yo respondí que sí, con la tranquilidad de saber que hacía bien mi trabajo y que, además, era el jefe de sección que mejor resultado estaba obteniendo a nivel regional, y uno de los mejores a nivel nacional en la gestión de mi propio departamento. "Sí, sí, creo que es un buen trabajo", le dije. Y él, con una cara (no voy a decir desafiante), con un rostro apático, me retrucó: "Mira, esto es tan atractivo como una carnicería. En vez de parecer camisetas colgadas del lineal, parece que son jamones. ¿Tú tienes una carnicería donde vendes jamones o una tienda de deportes, que es lo que es esto realmente? Esto parecen jamones; esta exhibición no tiene ningún sentido: a mí no me gusta nada. Pero tú sabrás lo que estás haciendo". Acto seguido, se marchó.

Como puedes imaginarte, no es nada agradable que te digan esto, aunque lo haya tomado como un chiste con mi amigo Dani Barra, con quien, al recordar, nos seguiremos riendo de estos dichos cada vez que nos encontramos... "¿Te acuerdas de aquella vez que me dijeron que tenía jamones en la tienda en lugar de camisetas?", rememora. Obviamente, aquello no estuvo bien. Es posible que a ti no te guste el trabajo que estás viendo, pero debes comunicar las cosas —en especial si tienes una posición de mando— de manera tal que no genere esa incomodidad, algo nada favorecedor para alguien que intenta hacerlo bien y a lo que, prácticamente, dedica su vida. Cuando tienes a un equipo escuchándote, tienes que comunicar tu mirada o tu visión con empatía, de una manera asertiva, construyendo. Siempre estamos comunicando e influyendo en nuestros equipos.

Empatía es la capacidad de ponerte en el lugar del otro. Asertividad es la capacidad de poder decir las cosas sin hacerle daño a nadie. Claramente, en este caso, al director regional le faltaban ambas cosas. Su respuesta, entre la indiferencia y la reprimenda, me dejó profundamente triste y desconcertado con la marca. Prácticamente, le estaba dando mi vida a aquella empresa, pero entonces, de repente, mi desempeño no lo complacía. Suele decirse que esto es más habitual de lo que parece entre los directivos de las grandes compañías, pero a ti eso no te importa cuando estás trabajando en una tienda de ese tipo y te evalúan negativamente. Sea o no una política comercial habitual de *management* o de Recursos Humanos, en el fondo, a ti te da igual, ya que tú quieres que siempre te vaya bien y que respeten tu trabajo. En esa ocasión, el respeto pasó totalmente desapercibido. Esta situación fue un punto de inflexión para mí. En ese momento, supe que, si ese era finalmente el estilo de *management* que se esperaba de quien ostentaba un cargo importante de responsabilidad como lo es ser director regional, no encajaría conmigo, y quizás era momento de buscar un nuevo proyecto laboral. Pero, a pesar de este encuentro, seguía fascinado por la tienda. El comercio estaba por encima de aquella mala experiencia.

Para pensar...

- ¿Hasta qué punto la asertividad y la empatía son frecuentes y habituales en la comunicación de tu empresa?
- Si bien es mucho más fácil ser empático y asertivo cuando debes comunicar lo positivo de una tarea, ¿hasta qué punto lo sigues siendo con tu equipo para anunciar aun aquellas cosas que no son agradables?
- ¿Existe una comunicación saludable en tu organización?
- ¿Se fomenta la comunicación personal de una forma saludable y constructiva a los referentes internos en la compañía que quieren seguir compartiendo, trabajando y creciendo en esta?

9
Vivir en la tienda

No sé muy bien cómo llegó el momento en el cual casi mi vida entera giraba alrededor de la tienda. Sé que lo hacía porque me encantaba. Realmente, estaba muy contento; era muy joven y tenía un grado alto de responsabilidad, un equipo al que estaba deseando animar y llevar a niveles más altos para que el desempeño de ellos fuera cada vez mejor, y para conseguir así mejores resultados. Pero llegó un momento en el que tanto mi vida como la de mi equipo, prácticamente, transcurrían en la tienda. Esto no me ocurría solo a mí: les pasaba a todos mis compañeros que tenían responsabilidades similares, pero no así a los vendedores: a ellos se les pedía cumplir con su horario de forma escrupulosa.

Recuerdo un día en el que llegué a estar veinticinco horas de forma continua; esta auténtica *burrada* la hice con mi amigo y compañero Dani Barra, con quien, además, también compartía piso junto a otros compañeros que trabajaban en la tienda. Aquel piso de alquiler en el que convivíamos —a modo de piso de estudiantes— se había convertido en una especie de sucursal de la tienda. Aquel día de veinticinco horas fue una jornada en la que llegamos por la mañana temprano, en nuestra hora normal, de modo que entramos a las nueve de la mañana y salimos a las diez de la mañana del día siguiente. Fuimos llevando adelante la jornada normal de venta, de comercio, de *retail* y, durante el día, fuimos haciendo *huecos* durante el horario de trabajo para poder prepararlo y, *sin darnos cuenta*, pasamos un día más en la tienda.

Obviamente, cuando terminó la jornada, por la noche, la tienda se cerró, y comenzamos a trabajar en dos temas: por un lado, restaba hacer la preparación de un inventario general y, por el otro, al día siguiente, recibiríamos la visita de un directivo muy importante de la compañía: el director general. Y, cuando vas a recibir a una visita de ese calibre, quieres que tu tienda o tu sección (o la parte de la que eres responsable) luzca lo mejor posible. La tienda no puede estar mal; esta es una consigna, aunque sea un error, ya que se va a llevar una imagen distorsionada de la realidad. La tienda ha de estar como está, pero esto es otra historia. En cualquier caso, este director no podía llevarse una mala impresión.

Con el tiempo aprendí que, en ciertas ocasiones, no está mal que los *jefazos* se lleven mala impresión de las tiendas. De esta manera, aprenderán cuál es la realidad de ese punto de venta. Este hecho, la visita del director general, determinó que trabajásemos mucho, pero mucho más.

Cuando tienes un evento (entiéndase por *evento* algo que ocurre, un hito especial para el que tienes que preparar la tienda), normalmente, recurres a tu equipo, a los vendedores y al personal en general para que realicen ciertas tareas. Pero, si no puedes pagarles las horas extra de trabajo porque tu cuenta de explotación o caja no lo dispone, ya te imaginas quién debe ir por la noche o los domingos, o los días festivos cuando no hay más posibilidades. Efectivamente, tú, como jefe de sección, asumes esa responsabilidad. Pero esto es interesante: nadie te pide ir —este punto lo veremos más adelante—, nadie te pide que trabajes más, pero tú lo haces porque, de una forma implícita, sabes que es tu responsabilidad que todo esté perfecto.

Tengo muy presente cómo, aquel día, Dani y yo ingresamos a la tienda alrededor de las 9 a. m. y salimos a las 10 a. m. del día siguiente: 25 horas trabajando... Y debo decir que llega un momento en que la sensación o situación de hartazgo es realmente notable. Ya no quieres estar más allí, y te da lo mismo la impresión que se lleve la visita.

Has dejado la tienda preparada para cuando el director general llegue pero, en tu turno, no podrás estar, dado que, con el cansancio que tienes, solo quieres irte a tu casa a dormir y desconectarte por un tiempo del local.

Esto no ocurría solo en Sporting, sino que es una práctica habitual en muchas cadenas de *retail* en todo el mundo, en la cual las personas asumen y llevan esas responsabilidades a niveles extremos. Por lo general, casi nunca suceden infortunios pero, en algún momento, ocurren accidentes laborales que hacen peligrar la salud de las personas. Cuando llevas 25 horas trabajando, tus facultades no están en su momento óptimo para seguir tomando decisiones o realizando acciones físicas que se desarrollan en una tienda.

En este tiempo, Dani y yo estábamos convencidos de que hacíamos lo correcto. Años después, recordamos la anécdota con tristeza. ¡Qué tontos fuimos! Parecía que heredaríamos la tienda, que aquello era nuestra propiedad, nuestro negocio. Y sí, teníamos la responsabilidad de que nuestro sector funcionara bien, pero no se nos pagaba por la vida que estábamos dejando allí. Finalmente, se trata de una multinacional, de una cadena en la que tú eres un engranaje más y en la que tu trabajo, aunque pueda ser reconocido, nunca lo será en forma tal que sea equivalente a todo el esfuerzo y energía que tú has dejado en ese proyecto, en ese trabajo, en esa tienda.

Para pensar...

- ¿Te has visto alguna vez en una situación de este tipo por el cual has hecho más horas que un reloj? ¿Crees que esto es razonable? ¿Ocurre lo mismo en tu equipo?
- Si eres un mando intermedio o directivo, ¿sabes si hay alguien que lleva a cabo este tipo de práctica? ¿Se permite? ¿Por qué? ¿Esto es razonable?
- ¿Te has detenido a pensar que, cuando estas cosas ocurren, es una señal de alarma?

Nadie debería trabajar 25 horas de continuo de manera normal ni esporádicamente. Si eso ocurre, y no hace falta que sean 25 horas, esta es una señal muy importante de alarma. Algo no está funcionando correctamente, y esto escapa al control de lo razonable.

10

Dani duerme en la tienda

Un día como otro cualquiera, continuaba trabajando mil horas en la tienda. Lo hacíamos con ilusión, con ganas, pero es cierto que, por momentos, la energía iba flaqueando. Comenzábamos a darnos cuenta de que ese ritmo nuestro no aportaba sentido a nuestras vidas, a pesar de que sabíamos perfectamente por qué hacíamos cada cosa, en tiempo preciso, de acuerdo a la estrategia, misión, visión y propósito de la tienda. Pero ¿qué sentido tenía todo esto dentro de nuestra vida? ¿Qué nos aportaba más allá de un salario a final de mes que no reflejaba todo el esfuerzo, energía y tiempo que le dedicábamos al punto de venta?

Al empezar a tomar conciencia, mi amigo Dani comenzó a preocuparme. Él tenía una energía infatigable, incansable, siempre dispuesto a ayudar a los demás; era el primero que estaba dispuesto a hacer aquello que nadie quería. Él había nacido con una sonrisa en la cara, siempre disponible y *tirando él mismo del carro*. Pero hubo un hecho que llamó mi atención: Dani empezó a dormir en la tienda. Al principio, sonaba gracioso, como un chiste. Contaba con las llaves del local y pedía permiso para trabajar por la noche y, cuando el cansancio y el sueño podían con él, se quedaba a dormir directamente en la tienda: lo hacía en una de las tiendas de campaña que teníamos en la exposición de productos de montaña. El procedimiento era, entonces, el siguiente: primero cerraba la tienda por dentro, activaba la alarma (el último en marcharse debía hacerlo), y corría, y se recostaba dentro de una de las tiendas de campaña, aprovechando los segundos en los cuales los movimientos no alertaban a la alarma. Dani iba corriendo y se metía allí dentro y dormía. A la mañana siguiente, cuando el responsable de abrir la tienda por la mañana la abría, desactivaba la alarma, y Dani salía con total normalidad de su tienda de campaña, y aun era capaz de trabajar hasta el mediodía. Esto puede parecer divertido y, cuando tienes veintitantos años, es una buena anécdota que contar, pero es peligroso. Este hecho tiene implicaciones de todo tipo: si un empleado se queda a dormir en una tienda o en una empresa y esto se realiza de forma puntual, es un alerta. Algo está pasando, y no es saludable.

Es el momento en el que dejas de vivir *de* la tienda, del comercio, del *retail* y pasas a vivir *en* y *para* la tienda. Y estos hechos, queridos amigos, implican franquear o traspasar un límite del que puede no haber retorno. No caigamos en esto. Que la gente llegue a los extremos, créanme, no es saludable para nadie. La tienda, a mediano o a largo plazo, siempre pasará por dificultades porque, cuando dejamos de cuidarnos, cuando tenemos malos hábitos, estos se transfieren más allá de lo que aparentemente pareciera. Y este fue uno de esos casos.

Afortunadamente, Dani ya dejó de hacer estas cosas; se dio cuenta, y empezó a adoptar una actitud diferente ante los retos del día a día: hará todo lo posible para que todo funcione de la mejor manera, pero no hará cosas sobrehumanas: no somos superhéroes.

Pero no nos olvidemos que nos seguía fascinando la tienda; en el fondo, no queríamos salir de allí.

Para pensar…

- ¿Conoces a alguien en tu equipo que haya tenido este tipo de situación?
- ¿Lo has hecho tú alguna vez?

- ¿Crees que hay alguna forma de justificar esto?
- ¿Qué harías tú si alguien en tu equipo llega a vivir una situación como la que hemos visto, como dormir en la tienda, o algo similar?
- ¿Crees que este tipo de iniciativa está justificado por la actividad empresarial o por las necesidades u objetivos de esta?
- ¿Te detuviste a pensar en las consecuencias que puede tener este comportamiento para la organización si se cronifica o si convierte en una costumbre, o si sucede algo no deseado durante ese tiempo en el que no deberías estar en la tienda?

11
Caja aplastada: mejor compactada

Si había algo que me encantaba hacer, era animar con canciones; algunas eran sencillas; otras, un poco tontas: las inventaba para motivar a mi equipo o a quienes estaban desarrollando una función específica. Por lo general, lo hacía cuando llegaba el camión que nos traía la reposición de la mercadería. Se descargaban los pallets y las cajas para luego hacerles lugar en las estanterías; el trabajo de reposición es algo que a diario se lleva a cabo en las tiendas.

Por un lado, teníamos una gran compactadora de basura, donde tirábamos todos los desperdicios que generábamos en la tienda. A pesar de esto, no podíamos tirar una caja completa, sin desmontarla previamente: estas debían estar plegadas para que la compactadora no se bloqueara, y así pudiésemos triturar más basura. Ciertos equipos, en ocasiones, por el apuro que tenían, o a veces por pereza, no plegaban las cajas. Entonces, inventé una canción que me gustaba mucho entonar… algo que rimaba así: "Caja plegada: mejor compactada". ¿Qué importancia tenía este tarareo? Que una función ingrata como lo es estar en el almacén juntando desperdicios fuera hecha con una sonrisa por la gente que allí trabajaba. Imagina al jefe de turno cantando esta canción como si estuviera en Eurovisión. Luego, entonaba otra con una rima distinta: "Trato, trato mi camión, y así vendo mogollón". Como puedes observar, era algo un tanto tonto, pero traía un poco de alegría. "Tratar el camión" significa manipular el producto, quitarle el plástico, ponerle las alarmas, colocarlo en su percha, todo lo que requería ese producto para ser exhibido para la venta.

Para las ocasiones en que movíamos el lineal dentro de la tienda, inventé otra canción que decía: "Muevo mi lineal, y me va a quedar genial". También con una rima muy sencilla, muy de niños. Pero estas pequeñas canciones, entonadas con buen humor, con buen ánimo, permiten que los equipos sonrían, aunque sea por un segundo. Y esa sonrisa permitía que siguiéramos avanzando y que las energías no decayeran. De esa manera, se lograba un buen ambiente. Y esto es algo que no falla: cuando hay un buen ambiente y hay buen humor, las personas trabajan mejor. Y, si las personas trabajan mejor, harán un buen trabajo; atenderán mejor a los clientes, los clientes estarán felices, y todo el mundo estará contento, ya que los clientes felices compran más, y mejor. Y los accionistas también estarán contentos cuando los resultados de las tiendas sean buenos; obviamente, un círculo virtuoso nos beneficia a todos.

Para pensar…

- ¿Hasta qué punto hay buen humor en tu punto de venta, en tu empresa, en tu organización?
- ¿Se fomenta la iniciativa de acciones que proporcionen esa cuota de buen humor o, por el contrario, existe una cultura tóxica en la que se anulan aquellas acciones diarias que mejoran el humor diario del personal?

Muchas veces pensamos que nuestra empresa es estupenda, y esto permite que seamos felices, pero la realidad, cuando la miras desde otro punto de vista, te hace ver que vives en una organización monótona donde se tiende más a la toxicidad que a otra cosa.

12

Hazlo tú, y luego me cuentas cómo te ha ido

Si hay algo que me fascinó de aquella época en Sporting fue la manera en que se confía en las personas para que puedan desarrollar su potencial. A veces acudía a mi jefe con alguna idea —siempre estaba pensando cómo mejorar las ventas— con estrategias para lograr vender más, obtener más margen. Aunque parecieran ser ideas alocadas, quería conocer su opinión, como si en realidad buscara cierta aprobación. Así fue cómo, en una oportunidad, me dijeron: "Hazlo tú, y luego me cuentas cómo te ha ido". Efectivamente, no debía pedir permiso, sino desarrollar lo que pensaba: ponerlo en práctica, medir qué tal había funcionado, y luego comunicarlo. Si tu logro ha sido positivo, estarás en condiciones de compartir tu conocimiento, repetirlo en otras tiendas o en otros sitios, y obtener así buenos resultados globales.

La consigna no era "Pídeme permiso", sino "Hazlo tú, ponlo en práctica, en marcha y luego me cuentas cómo te ha ido". Esta forma de liderarnos es algo que *a posteriori* extrañé, ya que, en otras empresas, necesitas una cadena de mails y de permisos para poner en práctica alguna innovación, por pequeña y sencilla que sea. No puedes hacer nada nuevo sin antes pedir permiso; no puedes tener ningún tipo de iniciativa (te cortan las alas), algo que nunca sucedió en Sporting. Allí la costumbre era: "No me cuentes lo que quieres hacer: hazlo directamente".

¿Sabes por qué se les daba permiso a las personas para hacer este tipo de cosas? Sencillamente, porque se contrataba a personas confiables. Si empleas, para trabajar en tu empresa o en tu tienda, a gente de la cual no puedes fiarte, ¿cómo luego podrás confiar en las decisiones, en las iniciativas, en aquello que tienen en mente y desean llevar a cabo? Pero, si seleccionas y atraes al mejor talento, a esa persona que generará buenas ideas, déjala trabajar. No te interpongas: no hagas difícil lo que será fácil. Gracias a estas posibilidades, alcanzamos muchos éxitos. Gracias a este permiso de poder crear e innovar, conseguimos que mi departamento de deportes de raqueta fuese el líder en la región y uno de los mejores de España, a pesar de haber vivido anteriormente situaciones catastróficas.

Para pensar...

- ¿Hasta qué punto existe, en tu organización o en tu empresa, este sentimiento, este sentido o manera de ver las cosas?
- ¿Hasta qué punto se les permite a las personas desarrollar sus ideas y expresar su potencial de descubrir una mejor forma de conseguir las cosas o de acercarse a un propósito aparentemente difícil de lograr? O, por el contrario, ¿hay una política por la cual no está permitido que las personas piensen por su cuenta y que continuamente tengan que pedir permiso y ser validadas para llevar a cabo cambios que tendrían un impacto fantástico en el negocio? ¿Por qué crees que esto sucede?
- ¿Está integrada tu empresa u organización por personas fiables, o la política de contratación hace que sean perfiles irresponsables que no les permita confiar en ellas?

13
La diversión comercial del evento

Siempre tuve buenas ideas para realizar eventos, actividades, acciones especiales, en pos de vender más. En una oportunidad, nos dedicamos a poner carteles en las farolas, anunciando un tipo determinado de promoción, sin percibir que un cartel puesto en una luminaria no es muy propio como medio de comunicación comercial de una tienda, y menos de una multinacional. Pero yo me tomaba el permiso de poner esos cartelitos de publicidad rudimentaria a modo de *marketing* espontáneo en las farolas cercanas a unas canchas de tenis y de pádel ubicadas en los alrededores del local, de forma tal que los jugadores alguna vez pudiesen verlos. Recuerdo perfectamente que, en una ocasión, llegó un cliente habitual con uno de esos cartelitos que decían que teníamos una oferta especial en pelotas de pádel, y preguntó si aquello era verdad. El cliente llegó con el cartel en la mano diciendo: "¿Pero esto es verdad?". Era un cartel hecho en una hoja de Word A4, nada atractivo. Le respondí que así era y, aunque no puedas creerlo, de este modo, conseguí aumentar las ventas con todas las personas que llegaron gracias a esta acción. En otra ocasión, junto a Alcaraz, con el objetivo en mente de incentivar la venta de productos de deportes de raqueta de nuestra sección, organizamos una especie de dramatización en la que jugábamos al tenis sin pelota dentro de la tienda. Nos trasladábamos por el pasillo central simulando ser jugadores de tenis —obviamente, con la raqueta en la mano—, realizando los típicos gritos y sonidos habituales de los jugadores de tenis cuando con todas sus fuerzas impactan con la pelota en su raqueta. Al vernos, los clientes sonreían; pensarían que estábamos locos, pero era una manera simpática de recordarles que teníamos un sector en el que podían comprar elementos para los deportes de paleta. De hecho, esto se hizo en Navidad, tiempo en el que muchas personas quieren hacer regalos, y no saben muy bien qué regalar. De esta forma, por un tiempo, nos posicionamos en la mente de los posibles compradores como una opción para regalar.

Estoy convencido de que estas acciones fueron una de las causas que contribuyeron a que el resultado de nuestra sección fuera tan bueno. También viene a mi mente cómo conseguimos una alianza con el club de tenis de mesa local, institución que participaba en competiciones internacionales, para que el equipo femenino fuera a nuestra tienda a realizar una exhibición. Y lo conseguimos. Preparamos las mesas, fueron las jugadoras, y se llevó a cabo una muestra, al mismo tiempo que tanto los vendedores como el público podían jugar con ellas. Sumado a esto, sin saber muy bien cómo hacer una nota de prensa o de difusión, desconociendo el mundo periodístico, conseguimos algunas apariciones en algunos diarios locales, sin haber tenido que pagarlas. En otras ocasiones, inventábamos otro tipo de eventos o de microeventos, o situaciones para llevar a cabo en la tienda. Por ejemplo, nuestra zapatilla de tenis más vendida en niños era la Foska 300: una de las más económicas. Ahora, mis hijas también las usan. Aunque las instrucciones decían que no había que lavarlas en el lavarropas, las madres me comentaban que sí lo hacían y que las zapatillas salían como nuevas; realmente, merecía la pena comprarlas. ¿Sabes lo que hice a partir de enterarme de esto? Llevamos a cabo un microevento, que consistía en poner una mesa a mitad del pasillo central con una palangana llena de agua y, en esta, las zapatillas Foska 300, para evidenciar que podían mojarse y que su calidad no variaba. Estas pequeñas acciones servían para que ocurriesen cosas divertidas y diferentes en la tienda, al menos en mi sección. De lo contrario, te conviertes en una tienda inerte, en un fósil. La gente viene, ve alguna que otra novedad, y se marcha. Pero, cuando pasan cosas divertidas, entretenidas, diferentes, estas acciones capturan la atención del cliente, y la experiencia que pasan es grata.

Era un tiempo en el que no se hablaba de la experiencia de compra (como luego se ha comentado hasta la saciedad), pero sí era un momento en el que yo ya estudiaba y analizaba todo lo relacionado con el *retail* y tenía mucho interés en investigar los orígenes del comercio. Ya cincuenta o sesenta años atrás, Bernardo Trujillo decía que, en las tiendas, deben pasar cosas divertidas y que deben ser una especie de circo, de tal forma que siempre estén ocurriendo cosas nuevas. Sin duda, estoy convencido de que se dará la necesidad de tener situaciones continuamente divertidas en la tienda, muchas de las cuales pueden ser de bajo presupuesto, como las que nosotros llevábamos a cabo. Sin lugar a duda, contribuyeron al éxito rotundo que tuvimos en aquella época.

Para pensar...

- ¿Pasan cosas divertidas en tu tienda?
- ¿Se están generando posibles actividades y acciones que hagan que las personas que están en ese momento lo pasen bien?
- ¿Piensas que estas actividades aún sirven para llamar la atención de potenciales clientes al interesarse en de qué se tratan?

14

No queremos al lento

Todo el mundo tiene una misión, una función, una característica que lo hace el mejor para llevar a cabo determinadas tareas. En el sector del *retail* del sector de ventas deportivas en el que me desempeñaba, se requería tener siempre una actitud enérgica y estar en continuo movimiento. Sin embargo, no todos los seres humanos somos iguales. En nuestro equipo, uno de sus integrantes no era lo suficientemente rápido: la energía y la rapidez no eran sus virtudes, lo que lo hacía desentonar con el resto del equipo. Tanto fue así que, por parte de la dirección de la tienda, me pidieron que este hombre no formara parte de mi equipo. Él era un antiguo arquero de balonmano: alto, grande; a veces parecía que arrastraba los pies en vez de levantarlos, pero era un buen tipo, muy buena persona, y su actitud era buena para con todo. Pero claramente no encajaba con el espíritu de correr de un sitio hacia el otro… Y comencé a recibir cada día más presiones de parte de la dirección de la tienda para despedirlo. Aquí lo urgente era encontrar esa función en la que Tenorio, con sus cualidades, características y peculiaridades, estuviese más cómodo y pudiera ofrecer un trabajo realmente de primer nivel. Y esto es lo que hice, a pesar del pedido de la gerencia. Estoy totalmente en contra del acoso; jamás recomendaré utilizar artimañas, engaños o comentarios que no contribuyan al desempeño de ninguna persona de mi equipo. Entonces, aprecié que aquella persona, Tenorio, era especialmente bueno en los trabajos que requerían detalles como, por ejemplo, el análisis de ventas de tendencias, calcular márgenes de ventas o de stocks. Así, pasó a tener una función mucho más analítica, que podía realizar en la computadora misma del sector, simultáneamente al resto de sus obligaciones propias del vendedor de tienda. Él comenzaba a aportar valor de una forma muy diferenciada y con una calidad que no tenían sus compañeros en este asunto de analizar datos. Este logro me enorgulleció mucho. El día que Tenorio decidió abandonar la tienda, lo hizo porque le había llegado su oportunidad para trabajar profesionalmente —recordemos que la mayoría de las personas que trabajan en la tienda, en este caso, eran estudiantes universitarios— en el área de Recursos Humanos, para la cual se había estado preparando.

Es por eso que estoy convencido de que hay cosas que puedas hacer bien o mal. Tú eliges. Si hoy me encontrara con Tenorio por la calle o en alguna reunión, podría saludarlo afectuosamente, sabiendo que hice lo correcto y que no me dediqué a complicarle la vida, como me sugerían, con tal de que se marchase de la tienda.

En definitiva, se trata de liderar a las personas concentrándonos en sus fortalezas en vez de hacerlo en sus debilidades. Se trata de potenciar el talento del equipo, y no de reducirlo.

Para pensar…

- ¿Qué harías tú ante una situación de este tipo?
- Este tipo de circunstancias, ¿son comunes en tu empresa u organización?
- ¿Te han sugerido acosar, instigar a ciertas personas para que de forma voluntaria decidan marcharse de la empresa?

2.ª C
CUALIDAD

La característica del nuevo componente de este modelo es la siguiente:

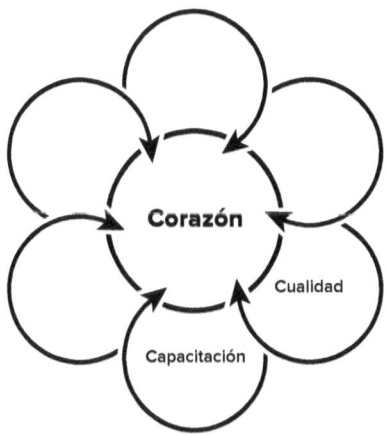

Cuando hablamos de esta C, nos centramos en la importancia de dar sentido a los valores de la corporación y de trabajar en la conexión de estos con los de cada persona.

Los valores no se imponen: se trabajan y se articulan en el día a día, en combinación con la visión y misión de la marca. Honrar lo que nos hace diferentes como empresa y personas con criterio propio.

La misión se explica y se razona. La visión se comunica con ilusión y con brillo en los ojos. Los valores no se transmiten con un cartel, sino en acción y siendo valor de ejemplo.

Los valores no son elementos cuya aplicación y respeto podamos elegir según nuestra conveniencia. Honrarlos de forma coherente les da el sentido que necesitan, y no hay excepciones.

Todo lo que se hace ha de estar respaldado por las declaraciones de misión, visión y valores. El día a día y las tareas cotidianas son la mejor forma de evidenciar este respaldo.

Los valores, junto con la misión, visión y otros principios filosóficos que puedan tener las empresas, han de respetarse y honrarse en todo momento, incluso en aquellos que son más ociosos. Los valores deben estar siempre presentes, de forma coherente.

15
Política de no despido

Llevaba yo ya un tiempo pensando que algo allí estaba fallando. Estaba totalmente enamorado de la visión de la empresa del día a día, de cómo se conducía a las personas en *management*, de cómo se trabajaba el comercio. Cada día era para mí un aprendizaje distinto; realmente, me sentía genial. Todo era muy divertido, pero había algo que me hacía ruido (algo de lo que ya hemos hablado): esa hipocresía de parecer que todos cuidamos al personal pero, por otra parte, te piden que te deshagas de un compañero sin más, de un momento al otro, como he mencionado en el capítulo anterior. Con estos hechos comencé a desenamorarme y, si bien en el lugar en el que estaba todo era brillante y yo podía seguir desarrollándome y creciendo, empecé a comprobar que había malas caras cuando quería salir a mi hora. Después de haber estado trabajando todo el día y llevando tu tarea con excelencia, no es bueno ver *caras largas* cuando no estás haciendo nada fuera de lugar. Sin embargo, irse al horario pactado no era bien visto.

Toda esa situación me incomodaba; aunque era una tienda excelente, había detalles que no me gustaban. Dadas estas situaciones, en la reunión de la evaluación del desempeño que tuvimos a finales de aquel año (en la que hay un momento de análisis y comunicación con tu jefe directo), todo iba muy bien, hasta que expuse mis dudas. Realmente, no sabía con claridad de qué manera iba a progresar en un entorno en el que comenzaba a sentirme incómodo, en el que veía tan buenas acciones de *management* y de liderazgo como cierta hipocresía, que restaba valor a todo lo bueno que había visto antes.

Y esa sinceridad —que yo consideré (y aún considero) necesaria— me confirmó mi sospecha sobre lo poco que le gustaba mi gestión del horario a la dirección de la tienda. Parecía que, por más que yo tuviera allí un futuro promisorio y ambicioso, eventualmente, correría la misma suerte de mis compañeros considerados no cien por ciento alineados a todas las políticas de la compañía. El resultado de esa reunión se tradujo en que pasaba a estar en la *pista de salida*, dejaba de ser un activo de futuro a estar en el grupo de personas a las que había que aburrir, hasta que decidieran marcharse. Así fue como me trasladaron a otro departamento con distintas funciones, en el que no había un equipo al cual dirigir y el volumen de negocio era irrelevante (tanto que no se podía justificar la contratación de al menos un vendedor). El no tener un equipo me parecía aburrido, ya que el comercio es más divertido cuando lo desarrollas con otras personas. De esta manera, pasé de un departamento que funcionaba tan bien, como lo era el departamento de tenis o de deportes de raqueta (el cual contaba con un equipo y con una cuenta interesante), a dirigir el departamento de máquinas de *fitness* (bicicletas elípticas, bicicletas de ciclo *indoor*, cintas, pesas, aparatos de musculación) y materiales relacionados con deporte tipo fitness y artes marciales y deportes de combate (kimonos, sacos de boxeo y guantes para boxear). Este era el típico departamento para un jefe muy joven y sin experiencia, a quien se le ofrece este sector de la tienda para que empiece a nutrirse de cómo funciona el *retail*, organizar un equipo muy pequeño (por lo general, de una persona, aparte del líder, aunque, cuando estuve a cargo, lo integraba yo solo).

Y así llegué a aquel departamento en que, además de tener ciertas complicaciones, el volumen de las ventas era muy pequeño.

A su jefe anterior no le gustaba mucho este tipo de negocio y no había definido un plan específico de ventas. El sector era un caos, pero yo, con mi mejor actitud y disposición, lo asumí como un reto: encontrarle la vuelta a esta situación. No a mi situación dentro de la tienda (sabía que me marcharía en un tiempo: ya era inevitable), sino a demostrar que mi pasión por lo que hacía estaba más allá del lugar en el que me encontraba. Incluso mi lado más racional me decía que no era que la empresa estaba actuando de mala manera, sino que era lógico colocar a un responsable destacado, a alguien que tuviese proyección en mi antiguo departamento. Pero, para mí (que no tenía ya esa proyección interna), trasladarme a otro departamento era el paso previo a mi salida de la compañía. Nada de esto estaba bien, pero mi admiración por la empresa, a pesar de todo, hacía que quisiera justificar todo, incluso en estas circunstancias.

A pesar de esa realidad, comencé por trabajar en el lineal, en los indicadores comerciales, a interactuar con los clientes, a aprender de esta y, de hecho, las ventas comenzaron a crecer. Remonté una regresión de -40 % en ventas comparables con respecto al año anterior a pasar a tener un saldo del 1% positivo. En pocas semanas, dimos vuelta ese balance negativo y, de allí, pasamos a liderar el crecimiento de la región. No fue fácil, pero tampoco complicado: simplemente, había que mover las palancas adecuadas, comprender el comercio y, en cuanto tuve la oportunidad de tener un vendedor (ya mis cifras de ventas lo justificaban), trabajé juntamente con él para mejorar todo lo que fuera posible. Y así transcurrieron unos meses en los que, además, fui el responsable de turno oficial de la tienda (la persona que abre o cierra la tienda de mañana y/o de tarde).

La función del responsable de turno matutino es abrir la tienda, preparar las cajas, asegurarse de que todo el mundo esté en su sitio, etc. La función del responsable de turno de la tarde es entrar al mediodía y quedarse hasta la noche, de manera que hace el cierre de caja, cuenta el dinero, se asegura de que la recaudación esté en la caja fuerte y cierra con los procedimientos adecuados todos los accesos de la tienda. Ser responsable de turno de mañana o de tarde implica que no puedes estar atento a tu departamento, sino que estás haciendo un trabajo para la tienda en general. Esta función especial de responsable de turno se repartía de modo que a una persona le tocaba serlo aproximadamente cada diez o doce días. Pero, en mi caso, como estaba prácticamente *de salida*, estaba allí como responsable de turno casi todos los días.

Así estuve unos meses pensando que mi salida era inminente pero, obviamente, no me agradaba. Por esos mismos días, me convocó, a través de la bolsa de empleo de la escuela de negocios donde había estudiado marketing, una gran cadena de tiendas por excelencia en España, una de las grandes marcas de *retail* en Europa, Galerías Castellanas, se había interesado en mi perfil, lo cual me entusiasmó. Así fue cómo presenté mi candidatura, hice todas las entrevistas, hasta que finalmente me contrataron.

No obstante, de Sporting me llevé muchos aprendizajes, los cuales he puesto en práctica y he compartido siempre que me ha parecido oportuno. En cuanto a mi salida de la compañía, la principal lección que obtuve es que la política de no despedir a nadie que seguía Sporting no es razonable: no es bueno si alguien deja de querer formar parte de tu compañía, si alguien no te interesa, que siga formando parte de la empresa; despídelo, simplemente. Normalmente, despedir a una persona de una tienda de ese estilo no es muy costoso, tratándose en el caso de empleados que no cobran 200.000 euros al año, ni llevan 20 años en la empresa. En este caso, no es conveniente generar una situación de la que todo el mundo sabe que es insostenible, y mucho menos prolongarla, teniendo a una persona complicándole la vida hasta que decide marcharse. Siempre me pareció incomprensible, porque es una situación que todos observan, de la que saben que es una práctica que ocurre y que esto les podrá ocurrir a ellos en algún momento. Y no pienses que esto es exclusivo de Sporting: es algo que podemos encontrar en muchos sitios, más de los que imaginamos.

Como verás, cualquier persona puede percibir esto. El resto de tus compañeros está observando lo que pasa; saben lo que ocurrirá si entras en esa dinámica de no querer permanecer en la compañía, pero a la vez de no querer marcharte voluntariamente.

No tengo ninguna duda de que la empresa debe despedir a alguien de forma empática, asertiva, profesional como parte del juego laboral y de las relaciones laborales. Si quiere hacerlo, se lo despide sin inconveniente, haciéndolo como corresponde.

Lo que sí está muy mal es mantener a alguien dentro de la empresa degradándolo con tal de que sea él (o ella) quien decida marcharse finalmente. Esto va en contra del *management*, ese que tantas veces se ha inculcado. Además, piensa que esa persona, en las semanas o meses que está en esa situación de degradación, va a *contaminar* —de forma voluntaria o involuntaria— el espíritu que hay en la tienda, el ánimo del resto de compañeros de cualquier nivel —ya sean jefes o vendedores—. Todo el mundo sabe lo que está pasando, así que no des lugar a ese clima; no es bueno para tu *engagement* con los empleados ni para tu negocio, ni para nadie. Por lo tanto, no caigas nunca en situaciones como esta. Una pequeña parte de ti se queda con cada una de las tiendas por las que pasas.

Para pensar...

- ¿Existe en tu compañía una política de no despidos?
- ¿Crees que esto realmente es positivo?

- ¿Cómo se afronta la situación de despido de los colaboradores que por cualquier motivo no deban continuar en la compañía?
- ¿Crees que se está haciendo de forma adecuada para que sigan siendo *embajadores* de tu marca el día de mañana o, por el contrario, estás creando (debido a la forma del despido elegida) futuros detractores?

16

Lo que mal empieza...

Y así fue cómo entré a trabajar en Galerías Castellanas, tras un largo proceso de selección en el que realmente estaba entusiasmado: por fin podía trabajar en la gran cadena *retail* más popular de todos los tiempos de España y una de las más grandes de Europa. Esta es la referencia que uno tiene en su imaginación acerca de una gran marca como lo es Galerías Castellanas. Trabajaría allí, y eso me haría olvidar finalmente los sinsabores de mi última etapa en Sporting. Efectivamente, sería el jefe de departamento de la sección de deportes, dividida en dos secciones, una de las cuales era la llamada *Material deportivo*, en la que había bicicletas, equipamiento de montaña, y hasta raquetas de tenis. Mi función era estar a cargo de la parte del sector textil y de calzado deportivo, que era la otra sección del departamento de deportes.

Cabe hacer un paréntesis en la historia y contarte que mi integración a aquel lugar fue realmente mala: empecé con el pie izquierdo, como suele decirse. Por un lado, porque no existía una formación específica para los jefes de departamento: históricamente, la compañía, hasta ese momento, no contrataba jefes de departamento del exterior. Siempre habían sido vendedores que, con el paso de los años, habían progresado hasta ser jefes de departamento y luego seguían ascendiendo: jefes de división, gerentes de plantas y, finalmente, directores de tiendas. O acababan en puestos de otro tipo, como lo era el área de *marketing*, o un puesto corporativo o más administrativo. Pero, en el sector comercial, lo habitual era que un jefe de departamento, años antes, hubiera sido vendedor.

¿Y sabes lo que ocurre cuando no recibes la formación adecuada para integrarte como jefe de departamento porque esta no existe? Tienes que integrarte en una formación general para vendedores —en la que, si bien aprendes muchas cosas de la tienda, no lo son de tu especificidad—: cómo funciona un centro de Galerías Castellanas por dentro, la operativa en el TPV[2], y también debías aprender cómo querían que fuera la atención al cliente en ese momento. Es decir, aprendí sobre cómo deseaban que funcionara, y hasta algo que siempre me llamaba la atención: cómo empaquetar paquetes y productos en papel de regalo, ya que esta manera de hacerlo era una *marca registrada* de esta cadena. En sí, lo que ellos brindaban era una formación para vendedores, pero yo, como jefe de departamento, supuse que debía saber más cosas, y así fue, solo que fui aprendiéndolas en la marcha.

Mi incorporación no fue dificultosa por este motivo, sino porque, para que yo ingresara, se desplazó a la persona que ocupaba ese puesto. Si bien en determinados momentos los cambios son necesarios, la manera de comunicarlo es fundamental para no crear hostilidad en el grupo. Y peor aun si todos quieren al jefe/a que envían a otro sector. "Llega un jefe nuevo que no conocemos y envían a nuestra jefa, a quien queríamos tanto, que era tan estupenda, a otro sector; llega uno nuevo, y la desplazan", se lamentaban. Como te imaginarás, no es una manera muy positiva de comenzar. Y, si a esto le añadimos que alguien se encarga de anunciar que es un fichaje[3], las expectativas son muy altas, y el nivel

---

2. Terminal de Punto de Venta, lo que viene a ser la caja registradora.
3. Una incorporación que hace una empresa de alguien que puede ser muy determinante, como ocurre en el fútbol, por ejemplo, donde un club ficha a otro jugador de otro club. Esto sería como una contratación de alto valor.

de exigencia que hay en el entorno aumenta. Y si, además, una persona del sindicato filtra que eres el jefe de departamento mejor pagado de la planta, esto tampoco contribuirá a la relación con otros mandos intermedios, especialmente si en algún momento necesitas la ayuda de ellos.

Todo esto ocurrió en mi incorporación. Si algo aprendí en aquel momento, es la importancia que merece la presentación de una nueva persona en la tienda. Es un momento que debe ser espectacularmente positivo, en el cual la empresa también le *venda* al nuevo empleado lo favorable que es trabajar allí.

Pero ¿qué ocurre después? Una vez que te has incorporado y empiezas la formación inicial (si es que la hay), ¿seguimos como empresa vendiendo marca, o ya empezamos a mostrarnos como en verdad somos por dentro? En este caso, desde luego, la integración fue realmente negativa y, a su vez, un reto que tuve que remontar para cumplir con mis objetivos dentro de la compañía, ya que mi incorporación correspondía a un plan que existía para convertirme en director de tienda a mediano plazo.

Comenzaba como jefe de departamento para aprender los entresijos de un centro tal como lo es Galerías Castellanas dentro de un plan que pretendía renovar, en un corto tiempo, al personal directivo que estaba pronto a jubilarse. De allí el motivo de incorporar gente joven con una nueva visión del *retail* y con ganas de hacer las cosas con una energía nueva en una compañía que necesitaba realmente un cambio desde la base.

Para pensar...

- ¿Cómo son las integraciones realizadas en tu empresa?

- ¿Existe un desfasaje en el proceso de selección de lo que le vendemos al postulante con lo que realmente el candidato encontrará una vez que ha sido contratado?
- ¿Qué harías tú para mejorar este momento de integración a la nueva compañía?

17
El señor Fernández

El gerente de división comercial era un señor de unos cincuenta y pico de años, al que todo el mundo llamaba *Fernández* o *Señor Fernández*. Por lo general, los empleados lo llamaban "Señor Fernández" pero, cuando no estaba delante, le decían "Fernández". Este hombre no era un mal tipo; simplemente, estaba agotado mentalmente (con *burnout*); había visto a sus compañeros progresar dentro de la organización, y él no lo había logrado. Él era el gerente o jefe de deportes que, luego de haber trabajado cincuenta años en Galerías Castellanas, se había convertido en una especie de *potus* decorativo del lugar, mientras que otros de su generación ya eran gerentes de planta o directores de gran almacén, muy lejos de su responsabilidad como gerente de una división pequeña como era la de deportes y, para peor, de una tienda pequeña y secundaria. De hecho, tuvo que improvisar un despacho en un minúsculo almacén en desuso. Realmente, su progreso había sido desolador de unos años a esta parte. Y no fue por su culpa. En la gestión de carrera profesional en una gran empresa, son muchos factores los que determinan cómo salen las cosas.

Con este panorama, el señor Fernández, *sin querer queriendo*, era un desmotivador nato. Una de las pocas personas que conocí con mayor facilidad para desanimar al equipo. Jamás sonreía ni asumía las tareas a realizar con el mejor ánimo. Claramente, él no se sintió cómodo con mi llegada, impuesta desde instancias superiores; su actitud, sin ser mala, era poco constructiva. Aun las vendedoras que estaban en su equipo no se animaban a pedir un cambio de turno frente a la enfermedad de alguno de sus hijos o a alguna situación especial relacionada con su familia. Y entonces allí estaba yo; cuando me consultaban acerca de algún cambio como jefe de departamento, decía: "Sí, adelante, ven más tarde. Cambiamos el turno: lo recuperas otro día". Mi intención era siempre buscar la forma de complacer al equipo sin descuidar, obviamente, el trabajo. Pero, en el caso del señor Fernández, siempre era un "No, no es posible". Si bien no era un mal tipo, de primera impresión, era duro. Siempre recordaré uno de los primeros consejos que él me dio. Un día, me dijo: "Ven, voy a explicarte algo importante que debes saber como jefe de departamento aquí en Galerías Castellanas". Pensaba que me enseñaría algo relacionado con el comercio; me había ilusionado acerca de lo que me contaría. Entonces, puso su mano en el bolsillo, sacó las llaves de su casa o del coche y me enseñó una pequeña navaja que llevaba a modo de llavero (de color rojo y de la marca Aitor, una marca legendaria en navajas) y me dijo: "Tienes que conseguir una de estas que, además, las vendemos nosotros en la sección de caza para abrir las cajas de mercancía cada mañana. Así no necesitarás nunca un *cutter* o una tijera; pones las manos en el bolsillo y tendrás tu navaja preparada para abrir la caja". Ese fue el mejor consejo que me dio mi jefe. Efectivamente, como jefe de departamento, abría cajas muy precintadas, y este era un instrumento que necesitaría. Estoy convencido de que ese hombre podía explicarme muchísimas más cosas, pero estaba tan enojado que ya nada le interesaba. ¡Qué decepción esos primeros días!

Así comenzaba a poner en práctica mi rol: dirigir un equipo de personas, en su mayoría mujeres con hijos, con situaciones familiares complicadas, a quienes había que animar día a día debido al desánimo que el señor Fernández les transmitía (actitud que resultaba contagiosa). Parecíamos un dúo cómico: por un lado, él desanimaba al equipo; y, por el otro, yo intentaba animarlo. Creo que la situación de este hombre se hubiera resuelto si los directivos hubieran hablado con él y le hubieran expresado lo que esperaban de su desempeño. Mientras este encuentro no se formalizaba, allí estaba yo, lidiando en el día a día, abriendo cajas e intentando animar a mi equipo.

Para pensar...

- ¿Existe en tu empresa esta dualidad de *poli bueno-poli malo*?
- ¿Existe un integrante en el grupo que esté dedicado a motivar de una manera asertiva al resto de los integrantes?
- ¿Qué acciones ponen en marcha en tu compañía frente a la desmotivación y a la queja continua por parte de un integrante del equipo? ¿Cómo se afronta? ¿Cómo crees que debería ser el trato con una persona tóxica para el grupo?

18
El DAFO como gimnasia mental

Cada día, al llegar a mi departamento —en el que vivía mientras trabajaba en Galerías Castellanas— prendía mi PC, abría una hoja de cálculo y redactaba un análisis DAFO (o FODA, o *SWOT*, por sus siglas en inglés), cuyas siglas significan *Debilidades*, *Amenazas*, *Fortalezas* y *Oportunidades*. Esta era una manera de estar activo y de pensar cómo mejorar mi trabajo en el día a día en aquella gran empresa.

Las cosas no iban bien: no tenía acceso a la información; no había un seguimiento de mi actividad. Lo que, a mi entender, sería una gran experiencia profesional rápidamente pasó a convertirse en un gran aburrimiento. De haber trabajado en una cultura sumamente innovadora como lo era Sporting (en el que el *management* del liderazgo era primordial), me encontraba trabajando en una empresa donde todo era lento y burocrático —parecíamos sacados de una película antigua— a punto tal que se seguía usando el fax para comunicarnos con los proveedores locales.

¡Un fax! Algo no visto en una época en la que este había dejado de ser una herramienta de utilidad hacía ya muchos años. De hecho, no teníamos correo electrónico personal, mientras que, en Sporting, mi dirección de correo era nombre.apellido@sporting.com (o algo así), en Galerías Castellanas, teníamos una misma dirección de correo electrónico para todos los trabajadores de la planta. ¡Sí, sí! has leído bien. Todos los trabajadores de un mismo departamento, de una misma división, tenían un mismo correo electrónico, utilizado normalmente para comunicar determinadas situaciones a Recursos Humanos: vacaciones, días libres, o cualquier tipo de situación especial. Nadie, ni jefes, ni vendedores, tenía un correo electrónico individual. Quizás los gerentes sí lo tendrían, pero no quienes estábamos de pie en la sala de ventas.

Toda esta situación era muy frustrante para mí. Cada día que pasaba, veía que mis capacidades mermaban. No se podía pensar en innovación; allí estaba Fernández —el gran desmotivador—, quien a todo decía que no. Si bien a veces explicaba por qué no, al llegar a mi casa, debía pensar la manera de mejorar todo aquello. Esa era la vía que había encontrado para no oxidarme.

Llegué a escribir tantos DAFO que incluso llegué a desarrollar mi propio modelo. Me sorprendían grandemente las deficiencias que, a sabiendas de todos, esta gran empresa tenía. Con el tiempo, comprendí que, quizás, no todo el mundo lo percibía como yo. Es posible que también mi ímpetu de aquellos años (tenía unos cuantos años menos de edad que hoy) me hiciera ver como un problema ciertos hechos o detalles que, realmente, no eran tan relevantes. Pero mi esencia siempre es la de mejorar. Viéndolo hoy a la distancia y con la sabiduría que te da el tiempo vivido, aprecias que había problemas que no eran tan graves; pero, efectivamente, había dificultades muy relevantes. Afortunadamente, con el paso de los años, han ido dándose cuenta de algunas.

Hacer DAFO me sirvió para ser consciente de mi situación personal en aquel momento, para saber analizar cómo estaba Galerías Castellanas a nivel global, y luego cómo estaba la tienda, cómo estaban cada departamento y cada unidad de negocio. Hacer DAFO permitió que mi visión se ampliara, para así tener una foto más detallada de lo que estaba viviendo. Desde entonces, no he dejado de hacer DAFO cada vez que lo he creído oportuno.

Para pensar...

- ¿Cuándo fue la última vez que hiciste un DAFO?
- ¿Los realizas solamente para esos momentos en los que se te pide hacerlo?
- ¿Te has planteado hacer continuamente DAFO como una manera de obligarte a pensar, a observar y leer lo que sucede día a día en el mercado, o en el ámbito en el que te desempeñas?
- ¿Te has detenido a pensar todo lo que un DAFO bien hecho puede hacer por ti y por tu compañía?
- ¿Te visualizas capaz de asumir el reto de hacer uno cada seis meses?

19
Sin seguimiento, no hay futuro

En mi experiencia personal, una de las peores situaciones para mí, en la época en la que me desempeñaba en Galerías Castellanas, fue que no hubiera ningún tipo de seguimiento de mi desempeño. En el tiempo en que estuve en la compañía, nunca tuve ningún *feedback* acerca de mi actividad. Esto, como puedes imaginarte, me resultaba exasperante porque, si yo estaba incluido en una especie de programa de promoción para nuevos talentos que llegasen a ser directivos y/o directores de tienda, ¿en qué basarían mi rendimiento? ¿Cómo sabían si mis funciones estaban siendo desarrolladas bien, regular o mal para poder evaluarme y, así, el día de mañana, ser promocionado a director de tienda? Por este motivo, siempre que he dirigido equipos, me he asegurado de que haya un seguimiento y feedback que les permita mejorar.

Yo venía de una cultura como la de Sporting, donde el seguimiento era continuo y constante, mes a mes, sobre nuestras prioridades y objetivos. Y, anualmente, se realizaba una evaluación del desempeño, que desembocaba en un análisis de cuál sería nuestro futuro profesional en la compañía. Desde entonces, lo tengo muy claro: todos mis equipos deben saber qué es lo que está pasando.

Hay una pregunta que a mí me gusta mucho compartir con quienes tienen un jefe o personal a su cargo: consiste en consultarles a nuestros empleados, a nuestros compañeros (colaboradores o personas de nuestro equipo): "¿Qué esperas tú de mí como jefe? ¿Qué esperas de la empresa?". Y, en este punto, es importante que nos cuenten qué es lo que anhelan de nosotros y qué es relevante para ellos. Cuando me responden qué esperan de mí, directamente les respondo: "Ahora te diré lo que yo espero de ti". Y me aseguro de que sea claro el mensaje de lo que anhelo de ellos, de su profesionalismo, de su actividad. Obviamente, esto también hay que preguntárselo a nuestros jefes: "Querida jefa, querido jefe, ¿qué esperas tú de mí? ¿Qué espera la empresa de mí?". Esta es una forma de conocer la manera en que se valorará tu trabajo, saber si puedes esperar mayor o menor *feedback* y, en definitiva, conocer fehacientemente qué se espera de tu relación con la compañía.

La ausencia de un seguimiento es la mejor forma de despreciar el trabajo de las personas. Los buenos profesionales, aquellos que deberíamos tener en nuestras tiendas y empresas, serán los primeros en marcharse cuando visualicen que no existe un reconocimiento, que no se sigue un criterio lógico y que no está establecido el camino a seguir (un camino que es el resultado del seguimiento y de la indicación de criterios por aplicar en tu puesto y en la compañía).

Para pensar...

- ¿Qué tipo de seguimiento se les hace a los equipos en tu compañía?
- ¿Qué tipo de seguimiento se hace sobre ti? ¿Crees que es el adecuado? ¿Qué cambiarías? ¿Es un seguimiento correcto para saber si estás avanzando por el buen camino?
- ¿Qué medidas correctoras existen cuando hay desviaciones entre lo previsto, lo que debería conseguirse y lo que se está consiguiendo?

20
La visita del miedo

Un buen día me dijeron que recibiríamos la visita del presidente de la empresa, don Ricardo Zamora, un personaje histórico del comercio, del *retail*. Este hombre es una de esas grandes referencias cuando se habla del mundo de la empresa en España y en el resto de Europa. Él asistiría a una tienda ubicada en una ciudad que no es capital de provincia; probablemente, sería la única visita que haría a nuestra tienda en la vida. Creo que solamente estuvo allí el día de su inauguración y ese día que visitó la tienda.

Recuerdo perfectamente cómo empezó a comentarse que recibiríamos la visita de don Ricardo. Todo se comunicaba con cierto temor entre quienes anunciaban su visita. Sin embargo, para mí, era una oportunidad. De hecho, anhelaba que pasara por nuestra planta y se detuviera en nuestra sección de deportes y viera la excelencia de mi sector. Esta era una ocasión de mostrar el buen trabajo que, junto con mi equipo, estábamos haciendo. Pero el hecho era que quienes no querían su visita eran mi propio equipo. Me decían: "No, mejor que no pase por aquí; si pasa y ve algo que no le gusta, imagínate la que se nos vendrá encima". Al escuchar todos los comentarios, llegué a la conclusión de que, si bien no era una mala persona, todos le tenían miedo. Todo lo contrario sucedía en Sporting: al saberse que un directivo o una vista sumamente relevante iría de visita a la tienda, esto era una alegría para todos.

Preparé mi tienda pensando en ofrecer y dar la mejor imagen, nunca antes vista en la sección de deportes. Y, aun siendo consciente de mis limitaciones, lo conseguí. Mejor dicho, siendo consciente de *nuestras* limitaciones, lo conseguimos.

El día de la visita, en el momento en el que se suponía que este hombre llegaría a la tienda (ya sea por la mañana o por la tarde), yo no tenía que trabajar: me correspondía otro turno. ¿Qué piensas que hice? Dado que ya había madurado y evolucionado con respecto a mi época en Sporting, hice lo que tenía que hacer, y no cambié mi turno. Empezaba a aprender que, en esto del *retail*, debes cuidarte a ti mismo, porque nadie lo hará mejor que tú. Al día siguiente, di una vuelta por el departamento y pregunté: "¿Qué tal la visita? ¿Ha pasado por aquí don Ricardo?". El tema era que nadie lo sabía; los vendedores no sabían si había pasado o no por nuestra sección ni por la tienda. La realidad es que no sé si don Ricardo asistió o fue solo una manera de presionar para que nos esforzáramos un poco más ante la hipotética visita. Lo que sí tengo claro es que este hombre infundía miedo, y esto no es bueno.

Para pensar...

- ¿Qué ambiente se respira en tus tiendas, en tus equipos, en tus líneas de negocio cuando se anuncia que recibirán una visita tan especial como la del máximo mandatario de la compañía?
- ¿Crees que esa actitud es buena, mala, o influye de alguna forma u otra en los resultados del día a día de la compañía y de los propios empleados?

3.ª C
CONCIENCIA

A continuación, te presento el tercer componente de este modelo:

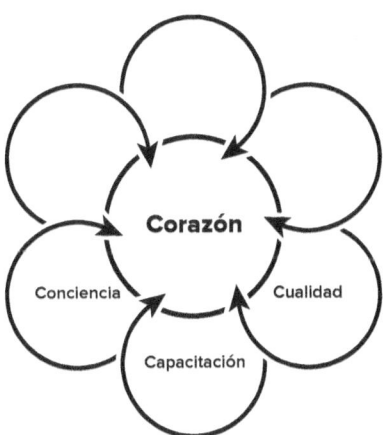

La conciencia como forma de comprender el sentido de las cosas... No existen planes o sentencias sin conciencia, sin comprensión, sin poder integrar el porqué de las cosas.

Los equipos que no tienen conciencia de lo que se les pide se convierten en autómatas que si han comprendido que no se les paga para pensar. La ausencia de conciencia implica una cuenta atrás hacia el subdesarrollo empresarial en primer lugar, y de las capacidades de las personas que integran los equipos de forma consecuente.

Las personas han de comprender el sentido último de su oficio en el día a día: ¿para qué sirve esto que estoy haciendo?

Se debe establecer un sentido saludable que limite lo que sí es adecuado de lo que no lo es. No todo vale, y las personas han de comprender los límites existentes.

Todo ha de tener un sentido, una razón, y ese sentido o razón han de ser compartidos y entendidos por todos.

Es importante trasladar, a las personas involucradas, la razón que hay tras cada decisión que los afecte. Es un auténtico momento de la verdad.

21

El reparador de calzado

En uno de mis primeros días laborales en la empresa, recuerdo que el señor Fernández me llamó y me dijo: "Tengo para ti algo que debes saber y aplicar desde ya". Aunque ya sabía que no era una persona a quien le gustaba compartir, dudaba de que me fuera a decir algo que me sorprendiese; sin embargo, lo hizo, y mucho.

Me llevó hasta el almacén que teníamos en la sección de deportes (allí había un montón de cajas de calzados más o menos ordenadas por marcas, por tallas, por modelos). Nos dirigimos a un rincón de ese almacén, y me señaló un gran tubo de pegamento amarillento, con aspecto de llevar allí años y años. Realmente, el aspecto era horrible, pero lo peor estaba por llegar. Esto fue cuando me dijo: "Con este pegamento vas a pegar la suela del calzado de deporte cuando un cliente venga a quejarse con la suela despegada". Yo me quedé un poco estupefacto: se suponía que era el jefe de departamento y que, en un futuro, sería director de tienda. Y me estaba pidiendo que utilizara el pegamento para reparar la suela de un calzado deportivo. No es que esto fuera algo terrible, porque "en peores plazas hemos toreado" pero, simplemente, creía que estaba fuera de lugar, fuera de lo que una marca como Galerías Castellanas debía hacer. Omití mi pensamiento, y le dije: "Señor Fernández, ¿no sería mejor llevarlos a una zapatería? Incluso si es un defecto de fábrica, deberíamos mandárselos al fabricante, o incluso al córner de reparación rápida de calzado que hay en el sótano del edificio". Pero me respondió: "No, no, eso es más complicado de lo que parece y muchas veces sucede por un defecto de uso propio. La mejor forma es que, cuando esto suceda, lo pegues con esto". En mi sorpresa, le pregunté qué se le decía al cliente, a lo que me respondió: "Tú le dices que se lleva a repararlo, pero no es así: se queda aquí, en el almacén, un par de días, secándose bien la suela y luego se lo llama y se le devuelve el calzado reparado". Y así fue cómo me dejó con mi bote de pegamento, un tubo con un aspecto nada *saludable*.

Menudo desengaño me llevé aquel día. ¿Significa esto que, en muchas tiendas, cuando le decimos al cliente que llevamos algo a reparar, lo que realmente hacemos es engañarlo e intentar repararlo por nuestros propios medios? Sí, este mismo comportamiento lo encontré también en otras secciones, pero esto no debería ocurrir jamás. Si presumimos de nuestra atención al cliente, si decimos que nuestra palabra es nuestra mejor garantía que puede tener un consumidor en nuestra tienda, luego, no podemos tener este tipo de comportamiento nada profesional.

Como puedes imaginarte, yo no era experto en reparación de calzado, y es cierto también que solamente tuve que usar el pegamento una sola vez, pero créeme que aquello no quedó bien, y me dio una gran vergüenza decirle al cliente que sus zapatillas, su calzado deportivo, ya estaba reparado. Era totalmente espantoso; a la distancia se veían los grumos de pegamento (tampoco era un pegamento tan bueno). Esto no era digno de Galerías Castellanas, ni de cualquier compañía que se jacte de poseer una gran atención para sus clientes.

Para pensar...

- ¿Existe en tu compañía alguna actitud semejante a la que te acabo de contar?

- ¿Se cuenta con los profesionales y medios adecuados para poder dar respuestas a las necesidades del cliente en materia de servicio posventa y reparaciones en dichas ocasiones? ¿Qué harías tú para mejorar esta situación?

22
Las botas impermeables

La tienda de Galerías Castellanas en la que trabajaba estaba situada en la localidad de Cartagena, lugar en el que la lluvia brilla por su ausencia. Aun así, a veces llueve. La anécdota que quiero compartirte es la siguiente: una mañana, luego de una ligera lluvia, por la tarde, llegó un cliente que traía unas botas de un modelo específico y de una de las marcas más caras que teníamos en su caja: unas botas de montaña espectaculares. El cliente quería hacer un cambio (o una devolución) de ese producto; refería que tenía un defecto de fabricación. La vendedora que lo había atendido me solicitó ayuda como jefe de departamento. Este hombre me explicó que esas botas de montaña que había comprado (uno o dos días antes), que estaban equipadas con tecnología de Goretex (se supone que esta hace que sean impermeables y que la humedad, la lluvia y el agua no entren dentro del calzado), efectivamente, estaban húmedas y, con apenas una llovizna que habíamos tenido en la ciudad aquella mañana, sus pies estaban mojados. Obviamente, esto no debía ocurrir: era un calzado de un precio muy alto, y este era un defecto de fabricación. Le dije, entonces, a la vendedora que procediera al cambio por otro modelo o, si el cliente quería, a la devolución del dinero. La vendedora me miró a los ojos y me dijo: "Mejor, pregúntale a tu jefe". Su respuesta me sorprendió mucho porque las devoluciones las gestiona directamente un jefe de departamento pero, en la mirada de ella, notaba esa complicidad de quien quiere avisarte de que algo sucederá o de que algo malo está pasando y sería una buena idea hablar con el señor Fernández.

Las botas impermeables

Me dirigí, entonces, al despacho del señor Fernández y le comenté la situación:

—Señor Fernández, ha venido un cliente con unas botas de montaña de alta gama a las que les entró agua; están húmedas por dentro debido a la llovizna que hemos tenido esta mañana. Simplemente, hacemos un cambio o una devolución, y solucionamos el tema.

Y, para mi sorpresa, me respondió:

—Esas botas salen siempre muy buenas; es imposible que tengan un defecto de fábrica.

—Sí, señor Fernández —afirmé—, seguro que siempre es así, pero estas, por el motivo que fuere, están húmedas y un poco mojadas por dentro; algo habrá que hacer con el cliente.

Una vez más, el señor Fernández me deslumbró:

—Eso sucede porque al cliente le sudan los pies. Y, si al cliente le sudan los pies, no podemos hacer ningún tipo de cambio o de devolución.

Se produjo un silencio, y luego le contesté:

—Señor Fernández, ¿me está usted diciendo que le diga al cliente que le sudan los pies y que por eso las botas están húmedas y que no haremos ningún tipo de cambio o de devolución?

Mi asombro crecía… ni me contestó. Se levantó y, murmurando, dijo algo así como "Estos jóvenes ya no luchan por las ventas". Se dirigió a la sala de ventas mientras yo lo seguía. Nos reunimos con el cliente y con la vendedora. Imagínate la situación: la vendedora, el cliente, el señor Fernández y yo, que ya no sabía qué iba a pasar. Al estar allí, inicié la conversación diciendo: "Señor Fernández, este caballero nos trae estas botas que están húmedas por dentro y no deberían estarlo con la poquita lluvia que ha caído esta mañana". Fernández tomó las botas con las dos manos, las miró apenas unos segundos y le dijo al cliente: "No, se preocupe; ahora mismo mi compañera procede a hacerle el cambio o la devolución; lo que usted prefiera. Muchas gracias". Y se marchó.

Mi mirada y la de la vendedora se cruzaron; entonces, comprendí por qué la vendedora me insistía tanto en que fuera a visitar al señor Fernández. Sabía que lo que yo quería hacer era un arma de doble filo. Lo que habitualmente debería ser una devolución sin más complicación se convirtió en una situación que el señor Fernández no quería afrontar como era debido. Allí mismo se me cayó un gran mito: siempre hemos dicho que Galerías Castellanas tiene una extraordinaria atención al cliente pero, como dice el refrán popular, "en todos los sitios se cuecen habas".

En una tienda en la que siempre se presumió de tener una excelente atención al cliente, en determinadas situaciones, la política de devolución es dudosa. Finalmente, Fernández le respondió adecuadamente al cliente, pero intentó que fuera yo quien cargara con esta incómoda situación.

Este hombre, lejos de ser un ejemplo, insistiéndome en la respuesta que debía darle al cliente (que era su responsabilidad la humedad de la bota, ya que se debía a la traspiración de sus pies), al estar frente al cliente, cambió la respuesta para no quedar en evidencia.

En definitiva, mi jefe había intentado venderme una mentira, pero allí sonó una alarma: siempre tuve en mente que había que tener cuidado con el señor Fernández porque, aunque no era mala persona, podía generar este tipo de situaciones que, obviamente, no son deseables para nadie.

Para pensar...

- ¿Existen normas éticas o de valor, de ejemplo, en tu tienda, en tu empresa, en tu negocio?

- ¿Se dice aquello de "Haz lo que yo diga, pero no lo que yo haga"? ¿O, realmente, se vive el día a día con auténtico valor de ejemplo, sabiendo que es importante la actitud que se imprime en todo momento con los equipos?
- ¿Qué hubieras hecho tú en esa situación? ¿Le hubieses recriminado al señor Fernández su actitud o, simplemente, esto hubiese sido un dato más para tener en cuenta en tu camino hacia la búsqueda de un nuevo empleo?

23

En penumbras, todo es peor

Desde el primer día en Galerías Castellanas, hubo algo que me llamó mucho la atención: todos los que trabajábamos allí estábamos en penumbras hasta el momento de la apertura. Por *penumbras* quiero decir que las luces de la tienda no estaban encendidas, sino que había algún foco aislado y las luces de emergencia. Esto daba el aspecto de estar a oscuras, a pesar de que, fuera de la tienda, era de día. El hecho era que, cuando los equipos de trabajo iniciaban su jornada, lo hacían en estas condiciones. A mi parecer, esto impactaba tremendamente en el estado de ánimo de las personas, en la manera de comenzar la jornada laboral. Por un instante, ponte a pensar: los empleados, los encargados acomodábamos las cajas, los productos que había que reponer, intercambiábamos nuestro saludo y apenas podíamos vernos.

Y, como esta situación me generaba mucha incertidumbre, pregunté el porqué de ello, y me explicaron lo siguiente (si bien era algo razonable, no era muy recomendable comenzar de esa manera el día): Galerías Castellanas tiene una gran cantidad de iluminación, y cada minuto de electricidad supone un importante desembolso económico; por ende, lo que se hacía era esperar hasta último momento antes de abrir la tienda al público, para que esta, obviamente, se encontrase totalmente iluminada. Pero ¿qué ocurre con tu público interior? ¿Qué sucede con tu cliente interno? ¿Realmente, era tan positivo estar a oscuras durante ese tiempo previo a la apertura? Como puedes imaginar, en mi opinión no lo era. Me parecía muy triste, seguramente porque venía de otro entorno en el que la luz no era un suministro que se escatimaba para que los trabajadores pudiesen ver correctamente. Creo que esto tiene mucha más incidencia en el rendimiento y estado de ánimo de lo que muchos puedan imaginarse.

No enciendas la luz solamente al ingreso de tus clientes; hazlo también para que tu equipo pueda estar cómodo en todo momento.

Para pensar...

- En tu empresa, ¿se escatima en recursos que no deberían ser recortados?
- Si realmente existe la voluntad de ahorrar dinero en unas partidas, ¿se están implementando las adecuadas o aquellas que repercuten en la salud o actitud diaria del equipo de trabajo, como ocurría en el caso de Galerías Castellanas?

24
Encuentro con el director

En aquella ocasión, yo tenía el día libre, pero mi teléfono sonó: era el señor Fernández.

—¿No vienes a la tienda?

—No, señor Fernández; hoy tengo mi día libre —le contesté desde el manos libres del coche.

—Vaya, el tema es que precisamente hoy me han dicho que el director de la tienda quiere hablar con los nuevos que se han incorporado recientemente. ¿No puedes venir?

Si bien no llevaba mucho tiempo en la compañía y pese a que no creía que debía ir en mi día libre, le dije que sí, que iría para allá. Asistí, y me presenté a una formación con el director de la tienda, quien quería conocernos y darnos una pequeña formación.

Nuevamente estaba ilusionado; pensaba que este señor —luego de pertenecer por tantos años a la compañía— nos enseñaría sus mejores técnicas de venta, nos narraría anécdotas referidas a la importancia que tiene brindar una muy buena atención al cliente. Creía que sería sorprendido. Pasé por casa, me puse el traje y la corbata —el uniforme oficial—, y me presenté en la tienda. Efectivamente, fue una reunión en la que no solo me incorporaba yo como jefe de departamento (había sido el último en incorporarme), sino otros vendedores de reciente incorporación. En Galerías Castellanas, el jefe de departamento (este era mi rol) no ingresaba de afuera como era mi caso, sino que era ascendido por promoción interna y, normalmente, ya llevaba años como vendedor. Pero allí estaba yo, muy expectante, y lo que ocurrió no lo podrás imaginar.

El señor nos dio una *master class* sobre cómo medir el largo del pantalón para hacer un dobladillo cuando alguien compra un pantalón que le queda largo, para que luego, en el taller de costura, puedan hacerlo correctamente. Para este señor, eso era un arte. Entonces, nos explicó cómo había que hacer el dobladillo, cómo poner el alfiler, cómo marcar con el marcador especial para el tejido. Estuvo un buen rato explicando esto. Este buen hombre, históricamente, había trabajado en textil de caballeros, y era algo que él dominaba totalmente. Supongo que le parecería importante que nosotros, como nuevas incorporaciones de Galerías Castellanas, supiéramos también cómo tomar los largos del pantalón. No quiero decir que esto no fuera interesante, pero sí fue decepcionante. Claramente, esperaba otro aprendizaje de este encuentro. Al rato, la situación mejoró un poco: nos motivó a entregarles en mano la bolsa de la compra al cliente, no dejarla ni en el mostrador ni en el TPV, sino dársela en la mano. No está mal esta enseñanza, ¡pero falta contenido!

Años después, he pensado que, seguramente, este hombre había querido insistir en este asunto porque a él también le habrían *machacado*, en sus días, lo importante que es realizar una excelente costura y cómo ser precisos en la toma de los ruedos del pantalón, y lo importante que es entregar la bolsa en la mano del cliente, con lo que estoy totalmente de acuerdo (esto forma parte de una buena atención al cliente). Pero estos ejemplos me hicieron ver lo anclada en el pasado que estaba esta empresa, o al menos, esta tienda. ¡Qué interesante hubiera sido que nos hablase de los indicadores clave de gestión, o mejor aun, que nos hubiese enseñado la historia de Galerías Castellanas, por qué y qué sentido tiene brindar una específica dedicación al cliente que allí se pone en práctica, cuáles son sus orígenes, y por qué eso marca la diferencia! Nos hubiese vendido con mayor énfasis la marca con la ambición e ilusión de que cualquier persona pueda anhelar trabajar allí, crecer y darlo todo por la tienda.

Considero que, en este tipo de encuentros, el jefe puede utilizarlos para conocer a su personal y aprovechar ese tiempo para enamorarlos aún más con el oficio de la venta, con el marketing en el punto de venta, y despertar, en su plantilla de personal, una chispa de ganas y de *hambre* por conocer más del comercio. Este amor es lo que determina que unos vendan más que otros; pero esto no ocurrió. No obstante, sin ninguna duda, me sirvió para aprender qué es lo debería hacer yo en el futuro.

Para pensar...

- ¿Qué tipo de encuentros se realizan entre el máximo responsable de tu tienda o empresa y los equipos? Si eres tú ese máximo responsable, ¿de qué manera te relacionas con las nuevas incorporaciones? ¿Hasta qué punto les aportas tu visión, tu experiencia y tu conocimiento?
- ¿Delegas estas reuniones en los mandos intermedios tan necesarios que tenemos en las tiendas? ¿Crees que esto mejoraría la integración y desarrollo de los nuevos compañeros en sus primeras semanas en la tienda?

25
El uso de la trastienda

Una de las cosas que más me sorprendieron cuando me incorporé por primera vez a nuestro departamento fue el pequeño almacén que tenía. Los empleados lo llamaban, de forma simpática, *la trastienda*. Apenas llegué, comprobé que eso no estaba bien; no podía ser saludable en absoluto. Un negocio no puede funcionar bien cuando te encuentras con pilas de caja de calzado sin ordenar. A veces tardábamos más tiempo del necesario buscando un modelo o número específicos para un cliente. Sin embargo, lo que más me impactó fue cómo, en los altillos de las grandes estanterías (en las que se guardaba el calzado), había grandes bolsas y cajas con textil con ropa de años anteriores, pero no de la temporada anterior. Las cajas solo decían: "Textil: hombre", y estas eran de tres o cuatro temporadas atrás. Al ver eso, me llevé las manos a la cabeza.

¿Cómo es posible tener mercadería desde hace más de tres años inmovilizada, quitándonos lugar del almacén y desaprovechando la oportunidad de hacerla rentable? Rápidamente comprendí que, cuando eso ocurre, se debe a una importante ausencia de criterio, de planificación, de toma de decisiones para determinar qué es lo que hay que hacer con aquello y, sobre todo, evitar tener un stock *muerto de risa* por tanto tiempo en la tienda. Yo estaba acostumbrado a un ritmo en el que no podíamos permitirnos tener mercancías de un año para otro; en que, si hacía falta, retocabas el precio y lo convertías en un saldo o en una promoción, o lo colocabas en cabeceras. Hacías lo necesario para que esa prenda o ese producto saliese de la tienda. Pero aquí no: aquí se guardaba en la trastienda.

Este lugar era un sitio curioso, no solo por lo que te he contado, sino porque allí también pasaban varias cosas: por un lado, se conservaban y se guardaban mercancías (textil y de calzado) que no se exponían a la venta. Por el otro, allí se guardaban las pertenencias personales de los trabajadores: llaves, bolsos, teléfono, etc., y no solo eso: también ahí mismo se festejaban ciertas fiestas de cumpleaños y otras pequeñas celebraciones interesantes. ¿Y cómo se hacía esto? Dado que estaba prohibido hacer celebraciones en la tienda y celebrar cumpleaños (por lo general, en el día de nuestro cumpleaños, uno lleva algo rico o un dulce para compartir), todos estos festejos se llevaban a cabo a escondidas. Se dejaba la torta o la merienda dentro de la trastienda y los compañeros pasaban uno a uno, o de dos en dos, o de tres en tres a degustar aquello que había traído el cumpleañero de turno. Todo este movimiento, obviamente, estaba prohibido, ya que, si todo el personal está dentro de la trastienda degustando la merienda de cumpleaños, ¿quién está en la tienda atendiendo a los clientes y dando la apariencia de que hay otro equipo en atención al cliente y en los diferentes puntos de venta? Es razonable, pero, "del dicho al hecho, hay un largo trecho", según reza el refrán. Y, en la práctica, era frecuente encontrar esas fiestas pequeñas en las trastiendas.

La trastienda era también un lugar oscuro, desordenado, en el que la comunicación interna funcionaba con notitas pegadas con cinta adhesiva en un monitor, cuando no era en el dorso de la puerta de la trastienda. En esa nota se explicaba algo que todos debían saber, o tener en cuenta, o que se le quería avisar a un compañero. Al ver esta situación, sugerí: "¿Por qué no ponemos un tablón de anuncios, en un corcho, y, de esa forma, todos tenemos una fuente de información a la que podemos recurrir?". Como no teníamos un mail interno de comunicación ni nada parecido, esta idea me pareció lo más básico. A pesar de haber hecho esta propuesta, no la pude implementar, ya que me marché antes. Pero me llamó mucho la atención cuando una de las personas que trabajaban allí me dijo: "Si pones un corcho, seguramente, a alguien no le gustará, y te llamarán la atención. Este tipo de cosas no gustan aquí". Esto me lo dijo una veterana vendedora, a quien escuché con mucha atención. Efectivamente, nunca lo hice.

¿Puedes darte cuenta de cómo se confabulan o cómo se juntan y se unen diferentes aspectos que son cruciales? Por un lado, una inadecuada gestión del stock del almacén y, por el otro, la falta de comunicación interna. Si sumas todas estas realidades, es obvio que el resultado no será favorable. A esta altura, comenzaba a darme cuenta de que transformar esa realidad desde mi posición de jefe de departamento, en aquellas circunstancias, era prácticamente imposible.

Para pensar...

- ¿Cómo se trabaja el stock durmiente en tu tienda, en tu negocio, en tu empresa?
- Por otro lado, y de forma más relevante, la comunicación interna, ¿fluye como debería para comunicar y transmitir la información necesaria en áreas en las que el stock pudiera circular como es debido?

26

La tolva de papelote

Las mercancías que recibíamos cada mañana para reponer venían en cajas de cartón forradas con plásticos, cuyos desechos (tanto los de plástico como los de cartón y los de papel) los tirábamos en el fondo de la planta. Allí había una habitación pequeñita con una puerta metálica y con una especie de ventana, que desembocaba en lo que llamábamos *la tolva de papelote*[4]. Este, que era el destino final del cartón, en realidad, era un sitio desconocido para todos nosotros. Solo sabíamos que todo lo que tirásemos por allí por ese huequecito (el cual tenía una caída de muchos metros a lo largo de todo el edificio) llegaba a un sótano, en el que esas cajas de cartón, todo ese plástico y ese papel serían procesados, reciclados y retirados de la tienda. Sí sabíamos (y era una insistencia) que no debíamos arrojar las cajas sin plegar, sino que debíamos desecharlas de forma compacta, para que la máquina pudiera procesarlas, y no se atascara con nada. Esto era algo que ya había vivido en Sporting, pero entonces no me sentía con ánimos de *cantar*, como había hecho antes en otras situaciones. Realmente, no quedaba muy claro qué era lo que pasaba si esto sucedía, pero sí sabíamos que no se debía hacer.

El hecho fue que, en una ocasión, necesité algunas cajas de cartón, y no había ni una en ningún sitio de la tienda. Se me ocurrió, entonces, bajar hasta donde estaba la tolva del papelote (el

---

4. Recipiente o depósito abierto por abajo, generalmente en forma de tronco de pirámide o de cono invertido, que se utiliza para dosificar el paso de algo como granos, monedas, bolas, abonos, líquidos, etc.

La tolva de papelote

lugar donde caían todas las cajas que desechábamos por la mañana) para ver si podía recuperar alguna y darle el uso que necesitábamos. Mi sorpresa, al llegar al tercer subsuelo, fue encontrarme con un señor rodeado de cartón, en medio de altas temperaturas, en un lugar lúgubre, sucio, doblando cajas de cartón, esas que muchas veces nosotros mismos no plegábamos y arrojábamos para que fueran recicladas. Percibí, entonces, la importancia de plegar ese cartón como correspondía y la poca información que teníamos acerca de las distintas funciones que se llevaban a cabo en la tienda. Conversé unos minutos con este señor y luego regresé a mi trabajo; compartí este hecho con mi equipo, y les pregunté: "¿Saben a dónde van el cartón y papel que arrojamos por la tolva de papelotes?". Una sola vendedora veterana del departamento sabía que alguien manipulaba el tema del cartón, pero nadie tenía conocimiento de lo que sucedía en el subsuelo del edificio ni en qué condiciones trabajaba aquella persona y cómo podíamos complicarle la vida a este hombre si, día a día, tirábamos las cajas de manera incorrecta, por pereza o por poco interés. Mi comentario tenía el fin de poder colaborar, con ese pequeño detalle, con quien se encontraba tantas plantas más abajo.

A partir de ese momento, animé a que mi equipo bajara a verlo personalmente y tuvieran la imagen completa, como yo la tenía. Este ejemplo me sirve para realizar una nueva comparación: ¿en cuántas organizaciones se toman las decisiones desde muy arriba y, cuando llegan abajo (al personal), no saben para qué sirven ni por qué hay que llevarlas a cabo? Incluso se escuchan estos comentarios: "¿Acaso allá arriba no saben que, para que esto funcione, debe estar orientado, preparado de tal manera... o que esto nunca ha funcionado así?". Muchas veces, las decisiones que se toman desde muy arriba (llámense *directivos, directores* y *mandos intermedios*) no evidencian la verdadera cara de la moneda ni la realidad que viven los vendedores ubicados en pisos más abajo. Verdaderamente, decisiones inentendibles, que nadie comprende y que nada tienen que ver con lo que sucede en el *campo de juego*.

¿Imaginas al entrenador de tu equipo dirigiendo sin haber visto un partido en su vida?

Para pensar...

- ¿Cuántas "tolvas de papelote" hay en tu empresa o en tu organización?
- ¿Cuántas veces arrojamos elementos desde muy arriba hacia abajo y no entendemos para qué hay que hacerlo? Y lo que es peor aun: con respecto a las decisiones que más arriba se toman en la organización, ¿se es consciente del impacto que tienen al llegar abajo, al terreno comercial y día a día de la tienda o punto de venta?

27
Punto y aparte

No demasiado tiempo después de estar en Galerías Castellanas, mi desencanto era total. No era el sitio que yo esperaba encontrar; no estaba aprendiendo nada y, de hecho, tenía la sensación de que, cada semana que pasaba, estaba perdiendo mis facultades. Cada vez sabía menos, y las buenas ideas que se me ocurrían al principio no aparecían. Incluso ya había dejado de hacer DAFO para ejercitar mi mente y mi creatividad.

En ese momento surgió la oportunidad de trabajar en Electrohome, para lo cual atravesé un proceso de selección con varias entrevistas telefónicas y presenciales. Incluso recuerdo que el último encuentro se hizo en Valencia, momento en el que me ofrecieron incorporarme a la empresa como director de tienda. Al principio, debía pasar por un período de formación de tres o cuatro meses en diferentes tiendas de la cadena y, finalmente, se me asignaría una tienda para dirigir como primer director de la tienda.

Cuando acepté la oferta, fui a despedirme de mis compañeros de Galerías Castellanas y, si bien el departamento de Recursos Humanos se sorprendió, al señor Fernández le daba igual. Creo que mi renuncia era anunciada, y ellos sabían que tarde o temprano me iría. Pienso que era evidente que había importantes diferencias de fondo, y la mala integración que tuve solo sirvió para acentuarlas. No hubo palabras de pena o de lamento, de esas que a veces decimos por defecto, sino que, simplemente, fue un "Hasta luego".

Una vez que ya me había marchado, un contacto me confesó que había habido cierto comentario al respecto de la dirección de Recursos Humanos: "¿Cómo una persona con tanto potencial y que venía con la intención de ser promovido y ser director de tienda ha decidido marcharse a una cadena que realmente tiene poco recorrido?". No sé si en alguna oportunidad habrán hecho el ejercicio de autocrítica o de análisis, y descubrieron los verdaderos motivos de mi renuncia. Esta no se debió a falta de oportunidades, sino a la falta de seguimiento, que puede dar origen a la ausencia de oportunidades. Parece un juego de palabras, pero no lo es.

Si no se realiza un seguimiento al personal que está en situación de progresar dentro de la compañía, difícilmente sentirá que está siendo evaluado y valorado, y que, efectivamente, su futuro podría estar allí. En cualquiera de estos dos casos, yo lo tenía muy claro: aquello me estaba volviendo cada vez más incompetente y estaba muy lejos de ofrecer mi máximo potencial en una organización que no estaba preparada, en aquel momento, para recibirme. Y así fue cómo puse fin a mi etapa en Galerías Castellanas, convencido de que lo mejor aún estaba por llegar y, efectivamente, pasaron cosas muy interesantes en la etapa de Electrohome.

Para pensar...

- ¿Se realizan en tu empresa entrevistas de salida, entendidas como aquellas que se llevan a cabo con quien abandona la organización de forma voluntaria, para detectar sus verdaderos motivos, y obtener información que sirva para mejorar la experiencia del empleado? ¿Crees que podrían ser útiles?

28
Una nueva etapa

Así fue cómo me incorporé a Electrohome, una cadena portuguesa que llegaba a España con un *ambiciosísimo* plan de expansión poco orgánico. Sus dueños habían comprado en España una cadena de electrodomésticos y de informática que estaba en declive, con la finalidad de ya contar con una determinada cartera de locales y clientes. Y no solo esta era su meta, sino que, como el objetivo era seguir creciendo (además de su propio crecimiento orgánico[5]), en un futuro, comprarían otras tiendas y otras marcas.

Años atrás, Electrohome había comercializado en España pero, como no había llegado a consolidarse como ellos lo esperaban, se había retirado. Ellos lideraban el mercado en Portugal, en el que el líder europeo Technopro u otros operadores no tenían una actividad significativa. Esa gran confianza que traían consigo mismos, sumada a su gran capacidad de inversión, los llevó a pensar que en España sucedería lo mismo. Pero, con el transcurrir del tiempo, pudieron comprobar las diferencias entre ambos mercados.

El mercado portugués podía abastecerse con menor cantidad de tiendas; sus dueños habían optado por una estrategia muy inteligente: adaptar las tiendas (en tamaño y en surtido) a las diferentes localidades y realidades de Portugal. En el caso de España, se optó por grandes tiendas, macrotiendas. Recuerdo (incluso antes

---

5. El hecho de que se denomine *orgánico* se debe a que dicho crecimiento ha sido motivado por la utilización de los recursos disponibles con los que cuenta la empresa. Comprar otras empresas como vía de crecimiento es lo contrario.

de incorporarme) la obsesión por ser más grande que la competencia, con la idea de que eso suponía ser mejores.

Mis primeros días de formación fueron en la sede central en España, en San Sebastián de los Reyes, una localidad de Madrid, donde también funcionaba la tienda modelo. Allí se hablaba de las generalidades de la empresa y de los puntos de venta, y de sus diferentes políticas. Esta no era una formación específica para directores de tiendas (esto me recordó a mi experiencia en Galerías Castellanas), sino mucho más abierta, en la que había jefes de departamento, de sección, y también nuevos directores de tienda. Todos podíamos compartir este momento inicial. Luego, la capacitación consistía en ir rotando por diferentes tiendas de España hasta completar esa formación inicial. Así fue cómo comencé a moverme y a trabajar junto a diferentes directores, lo cual fue muy interesante —me di cuenta de que aquello estaba muy improvisado—. No existía un modelo a seguir, sino "Ven a mi lado, mira cómo lo hago, así tú aprendes". No había un índice, una guía y, si la había, no la percibía.

Comencé mi experiencia en la tienda de San Sebastián de los Reyes, acompañando a un gran director de tienda, veterano y experto. Luego pasé a una tienda en Leganés (localidad de Madrid), en la que experimenté una circunstancia muy interesante. Compartí dos semanas con el director de la tienda y luego me quedé en su cargo cubriendo sus vacaciones por el término de un mes. Podría decirse que ya era una especie de director interino, tiempo en el que no se pudo dedicar a mi preparación. Sin embargo, procuraba nutrirme de los jefes de departamento más experimentados, dado que la mayoría del personal era nuevo. Un tiempo más tarde, me dirigí a una tienda ubicada en Valencia. Allí me formé observando y compartiendo, por varias semanas, el movimiento de la tienda. Pero todo era un poco más de lo mismo: nadie sabía qué contarme; solo era "Mira cómo yo lo hago". Esto implicó que muchas enseñanzas fructíferas se quedaran por el camino y otras que seguramente me hubieran venido muy bien —sobre todo a nivel de sistemas tecnológicos e informáticos de la compañía— hubieran quedado sin desarrollar.

Una vez más observamos la importancia de saber integrar y formar a quienes serán parte de la empresa. ¿Cómo es posible que no se elabore, junto al departamento de Recursos Humanos, planes realistas acerca de lo que cada persona necesita saber cuando se incorpora en la organización? Y cuánto más quienes formarán parte del "núcleo duro de la organización", es decir, del personal que dirigirá una tienda con una cuenta de explotación de varios millones de euros. ¿Acaso no es primordial que esa persona tenga la mejor preparación desde sus comienzos para comprender cómo se hacen las cosas en ese lugar? Se da por hecho que tú debes tener dotes de liderazgo y que ya tienes olfato o instinto comercial, además de que vienes con un bagaje con el que seguramente enriquezcas a la empresa. Sin embargo, cada compañía tiene estrategias propias, internas, de las que urge que sean compartidas y que su personal las conozca (en especial quienes ingresan), para que, desde el primer día, haya un alineamiento de aquello que es prioritario.

Estando en Valencia nuevamente, me llamaron para regresar a Madrid, a una tienda que estaba siendo dirigida por un director de origen portugués, que conocía muy bien la compañía —ya había trabajado varios años en Portugal—. Pero conocerlo no fue grato: como director de la tienda, era bastante malo. A pesar de esta desilusión, allí estaba y debía aprender algo de él. Pero lo que llamó mi atención fue que aprendí más visitando a los competidores que teníamos en aquella zona (ya que en esa localidad estaban los mejores, y muchos de ellos con tiendas sumamente importantes).

En este contexto transité mi período de formación inicial. No aprendí nada relevante, ni siquiera lo más importante en lo que debían capacitarme, como lo era el sistema interno de stock y el funcionamiento del programa de gestión. Tampoco nadie tenía un conocimiento profundo del tema. En esta situación me dijeron: "Irás a dirigir la tienda de Alicante. Además, relevarás al director, que irá a la apertura de otra tienda en la ciudad de Albacete y serás el segundo director de la tienda, con apenas pocos meses de apertura". Yo ya sabía que la tienda no funcionaba bien, que tenía dificultades, pero lo que no podía imaginarme era lo que estaba por pasar.

Para pensar...

- Cuando se asigna a otras personas la formación inicial de un nuevo compañero o integrante de la compañía, ¿tienen en claro los conocimientos que debe adquirir esta persona? ¿Tienen en cuenta los temas principales que deben transmitirse en cuanto a conocimientos, experiencias y prácticas? ¿Existe un procedimiento a seguir? ¿Está escrito? ¿Existe un equipo de formación inicial que prepare a quienes se incorporan a la empresa en diferentes funciones?

29
Crecimiento inorgánico

Una de las cosas que más me llamaron la atención era la facilidad que tenían para comprar distintas cadenas de tiendas. Esta era una manera de crecer rápidamente, con consecuencias que se veían a corto plazo porque, cuando compras tiendas ajenas, en este caso, estás adquiriendo empresas que no tuvieron especial éxito. Además, pude comprobar en primera persona que, cuando adquieres una cadena que está fluctuando, a punto de cerrar (que es lo que ocurría aquí), estás haciéndote cargo de tiendas que no poseen una buena clientela, que muchas veces no están bien posicionadas geográficamente y en las que deberás hacer un esfuerzo extra para que los clientes vuelvan a considerarla y, así, conseguir que esta compra haya valido la pena.

Profundicemos un poco más… Al comprar una cadena, también estás adquiriendo no solo los locales, sino también el servicio que prestan todos los empleados que hay en esa cadena. No solo se suma ese talento, sino todo lo que este trae consigo: costumbres implementadas desde hace mucho tiempo, con sus ilusiones, motivaciones, frustraciones y especulaciones tras haber visto que su empresa ha sido comprada por otra.

En mi época de formación, conocí personas que venían de WhatsOn, una cadena de origen británico que habían comprado, y también muchas personas que provenían de Uranga (una cadena española de electrodomésticos) que, pese a haber funcionado muy bien durante unos años, finalmente acabó cediendo, y vendió sus locales. Y de una tercera adquisición, ATM, con la que pasó algo similar.

Compartimos, entonces, no solo el espacio físico, sino que intercambiamos relaciones con integrantes, colaboradores y trabajadores que tienen una visión, cultura, saber hacer distintos, pero que se sumarán al equipo, cuyos integrantes se están formando desde la base. Cuatro culturas distintas. Finalmente, alguno de ellos pasará la factura y comparará cómo era su trabajo anteriormente, y es así como vives en una continua comparación y añoranza de cuando las cosas iban bien en sus empresas de origen: "¿Te acuerdas de cuando aquella tienda en la que trabajábamos funcionaba tan bien? ¿Recuerdas la ilusión y ganas que pusimos cuando inauguramos?". Ese sentimiento de que un tiempo pasado fue mejor no es especialmente bueno cuando estás incorporándote a una nueva compañía, pero la culpa no la tiene ni el empleado ni el trabajador, sino la marca (en este caso, Electrohome, que no supo integrar ese nuevo talento y gestionar este cambio tan importante para muchas personas). Tal vez lo intentaron pero, evidentemente, no dieron en la tecla. Las nuevas incorporaciones no sintieron que estaban en un lugar que realmente merecía la pena, en el que su desarrollo personal y laboral no tendría límites, en el que su pasado sería muy útil para poder ayudar en la construcción de una nueva compañía que aspiraba a liderar el mercado. Todo eso debió haberse tenido en cuenta, pero no fue así.

Para pensar...

- Cuando en tu compañía se incorporan personas de otras organizaciones, ¿hasta qué punto se hace hincapié en la cultura de la empresa para la que ahora trabajan?

- ¿Hasta qué punto esos valores se transmiten para que quien ingresa de otra compañía pueda hacer propias la visión y misión de la nueva empresa?
- ¿Hasta qué punto crees que tu empresa podría funcionar mejor o quizás de una forma diferente si se cuidaran estos aspectos?

4.ª C
CONTRIBUCIÓN

Te presento el cuarto elemento de este modelo:

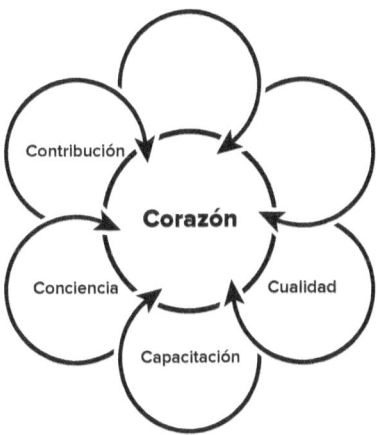

Consiste en hacer que las personas puedan aportar a los planes de la empresa. Desde cualquier posición (ya se sea operario de fábrica, carretillero, técnico, vendedor o mando intermedio), todos pueden contribuir, y la organización ha de facilitar los medios, procedimientos y oportunidades para que todos los miembros de la empresa puedan aportar sus ideas y ser parte de la compañía de forma transversal y longitudinal. Se consigue que vean que su aporte de valor es superior al que pueda parecer en el día a día desde su posición habitual.

Un equipo de personas empoderado aporta infinitamente más que aquel que está enjaulado. Libertad para crear, para contribuir y para producir.

Trabajar más no significa trabajar mejor. La mejor contribución no es cuestión de tiempo, sino de calidad. Medimos la eficiencia y la productividad, y la organización no permite excesos no saludables, facilitando las herramientas adecuadas en cada momento.

Cada persona tiene su talento y su experiencia acumulada. Permitir que puedan hacerse cosas es la mejor manera de conseguir éxitos que, con limitaciones, difícilmente se podrían plantear. Las personas tenemos la capacidad de sorprender.

Pasar del plan a la acción como forma de aportar en la práctica… No nos quedemos en el planteamiento. Vale más un gramo de hacer que un kilo de decir.

Cada persona tiene una visión diferente de la organización. Establecer la forma de poder escuchar los matices de cada integrante del equipo permitirá alcanzar mejoras de forma más rápida, eficiente y con orientación 360º al negocio.

Las personas siempre están en primera línea, cada uno en su "primera línea". Todos pueden aportar y contribuir. Solo hay que facilitar las formas de poder hacerlo.

Incluso en una situación de una persona que abandona la organización, es posible encontrar fórmulas para que se produzca una última contribución que permita seguir creciendo a la empresa y que sirva para que la persona tenga una oportunidad de conectar en un tono diferente.

Crecimiento inorgánico

Empoderar a las personas nos da la agilidad que requiere el mercado hoy en día. No limitemos la capacidad de contribuir en tiempo real a nuestros equipos de colaboradores.

30

El asunto confidencial

Llevaba apenas unas pocas semanas destinado en mi tienda en Alicante como director en una gran tienda que no estaba pasando su mejor momento, y tenía muy en claro que no acabaría bien allí, dada la política que se llevaba a cabo en ese lugar. La tienda estaba abierta junto al gran competidor Technopro (físicamente, casi pared con pared), un líder absoluto no solamente en España, sino también en Europa, que había decidido abrir allí otra tienda, en ese mismo centro comercial. Esta tienda se abrió pensando que este gran competidor sería capaz de atraer mucho tráfico de clientes. Indudablemente, las personas compararían el precio entre esa tienda y la nuestra y, como nosotros teníamos una política de precios muy bajos y un supuesto mejor servicio, seguramente, ganaríamos. Pero la realidad no fue así. Ellos vendían infinitamente más que nosotros.

No pasó mucho tiempo de haber ingresado cuando fui convocado a una reunión de operaciones del sur, de la zona sur del país, en la ciudad de Sevilla, para debatir, para analizar y recibir los consejos e impresiones de la directora de operaciones y del director general de la compañía para la región sur. Recuerdo haber asistido a la reunión muy ilusionado. Llegué a Sevilla, y allí nos reunimos durante todo un día directores de tienda de todos los almacenes ubicados en la zona sur del país. El encuentro transcurrió con normalidad, pero yo ya iba pensando que algo no estaba funcionando bien, y no comprendiendo lo que me pedían. Mi sensación, desde que estaba en la empresa, era la de recibir informaciones contradictorias. Cada semana, nuestros objetivos posibles tenían distintos rumbos. El problema era que, cuando tú, como mánager y responsable de una unidad de negocio, no tienes claro hacia dónde vas, las instrucciones que bajarás a tus equipos sobre cómo tienen que hacerse las cosas y qué sentido tiene el hacerlas tal como se nos piden, claramente, no puede funcionar bien. Si, en primer lugar, tú no lo tienes en claro, tu equipo tampoco lo tendrá y, si los objetivos a alcanzar no están definidos, difícilmente podrás alcanzarlos.

La reunión transcurrió sin intervenciones de los que allí estábamos. Estaba por finalizar. Parecía que nadie preguntaría nada pero, antes de terminar, levanté mi mano. Yo tenía muchas dudas; necesitaba respuestas, y qué mejor que la directora de operaciones y el director general para intentar responderlas.

Apenas levanté mi mano (recuerdo estar sentado en un extremo de la mesa de reuniones), todas las miradas se clavaron en mí. Todos estaban sorprendidos de que el nuevo hiciera una pregunta. Y, si bien la mirada de todos me intimidó un poco, no me impidió que formulara mi pregunta, que consistió, simple y llanamente, en consultarlos acerca de la estrategia de la empresa, ya que nadie hasta ese día se había detenido a explicarme nada. Recuerdo perfectamente mi pregunta: "¿Cuál es exactamente la estrategia de la empresa?". En ese momento, se originó un silencio tremendamente incómodo. Todos mis compañeros, obviamente, me seguían mirando —creo que, por dentro, pensarían: "Pero ¿qué está preguntando este hombre, el último en llegar? ¿Cómo se le ocurre?"—. Ese silencio se prolongó mientras ambos directores cruzaban sus miradas. Se miraron, como preguntándose telepáticamente qué responderían y, pasados esos dos, tres o cuatro segundos incómodos (que a mí se me hicieron una eternidad), la directora de operaciones me miró y me dijo: "La estrategia de la empresa es confidencial" y, en ese mismo momento, dio por finalizada la reunión. ¿Puedes imaginarte con qué cara salimos todos los directores de tienda? Allí estaba reunido el núcleo duro de la organización, de directores de tienda con cuentas de explotación de muchos millones de euros, los que estaban llamados a liderar la compañía para que esta pudiera ocupar el puesto en el mercado que pretendía, y nos respondían que la estrategia de la empresa era confidencial. Dada esta respuesta, podías generar posibles opiniones al respecto: a) la primera es reconocer la necedad de los directivos de negar esta información a quienes llevan adelante la organización a su favor. La estrategia no puede ser algo secreto para un director de tienda: es imposible pensar esto de esta manera; y b) no respondieron a mi pregunta porque no existe ninguna estrategia a seguir y, como no la hay, se inventó que era confidencial. Como se suele decir, íbamos a "salto de mata", apagando incendios. Simplemente, cada semana y cada mes, se implementaban cosas —muchas veces sin sentido—, pero que daban la sensación de que algo se estaba haciendo.

Me retiré de esa reunión muy preocupado. Recuerdo que, antes de tomar el avión de regreso a mi casa, conversé telefónicamente con mi madre.

—¿Qué tal te ha ido tu primera reunión de operaciones? —me preguntó.

No dudé en responderle:

—Mamá, esto no pinta bien; antes o después, esta empresa tendrá serias dificultades.

Para pensar...

- ¿Hasta qué punto la estrategia que tiene la empresa en tu organización es comunicada?

- ¿Es esta conocida por todo el personal que trabaja allí o, quizás, solamente es revelada a un grupo selecto?
- ¿Crees que esta idea de restringir la información es adecuada o podría ser compartida para que todos estén al tanto de por qué se hacen las cosas en tu organización?

31

Querer subir un ochomil sin saber escalar

Con gran entusiasmo, anunciaron una formación transversal que recibirían todas las tiendas y que, de forma prioritaria, sería comunicada a los directores de tienda. Si superábamos un proceso de evaluación, seríamos los primeros en impartir esta capacitación a las tiendas. Para ello habían contratado a una empresa consultora que había desarrollado una metodología llamada *Método Ochomil*. Se trataba de un método de venta asistida en tienda; ese era el *grueso* de la formación. Desde el comienzo, esta instrucción me *chocó*, ya que quienes estaban a cargo de transmitirla no eran personas especializadas ni en ventas, ni en *retail*, ni en comercio. De hecho, las alusiones a "los expertos que han diseñado este contenido" lo hacían utilizando el verbo *opinar*: "Opinan que las ventas…". Tal como lo decían, era obvio que no tenían idea de lo que estaban diciendo, sino que repetían un guion que, como formadores, habían aprendido para poder transmitirlo. Pero aquella gente no sabía lo que era vender en una tienda, ni dirigir un punto de venta ni a un equipo en situaciones muchas veces complicadas y difíciles. Sin embargo, todos los directores de tienda escuchábamos muy atentamente toda la charla, la cual se brindó durante un intensivo fin de semana. El hecho era que este seminario no le cerraba a nadie; desde su origen, tenía más puntos oscuros que claros. En definitiva, se impuso una metodología en la que era imposible diseñar, aportar y hacerla propia.

Además, como si esto fuese poco, el último día, se realizaría una exposición de simulacro de formación ante el resto de los compañeros por grupos y, si no lo aprobabas, debías acudir a una especie de repesca, o volver a tomar el curso en la tienda que te indicaran. En mi caso, la devolución que recibí fue muy pobre. Fue la siguiente: "Si bien tu perfil es muy bueno, lo tuyo no es exponer en público: no te sale bien".

La reflexión que comparto contigo es que puedas comprender la importancia, entusiasmo y motivación que necesitan transmitir quienes lideran un trabajo de formación. En mi opinión, este punto es esencial en todo lo relacionado al comercio. Aquellas personas no tenían ni idea de lo que era una tienda, ni de lo que era vivir un sábado de rebajas, vender en Navidad. Y no dominaban los entresijos o características de la venta en sí misma. Aquello estuvo bonito, entretenido, pero creo que, a la mayoría de los que allí estuvimos, la exposición no nos llegó ni nos caló hondo, como seguramente era la intención. No es posible ser formadores de Excel un día y, al día siguiente, implementar un método de ventas asistidas en tienda.

Para pensar...

- El encargado de dicha instrucción, ya sea como profesor o como expositor, ¿domina realmente el tema?, ¿está capacitado para ofrecer distintos tipos de charlas de acuerdo al perfil de la empresa?
- ¿Hasta qué punto crees que la formación se toma en cuenta para llegar a los objetivos propuestos? ¿Consideras que, simplemente, este se lleva a cabo para *cumplir* con un organigrama de formación mensual o semestral?
- ¿Quiénes son los encargados de la formación en tu compañía?

32

1000 kilómetros

La convención de gerentes de tienda de todas las marcas que tenía la organización en la que estaba integrada la marca Electrohome para la que era director se celebraba en Sintra, en Portugal (cabe recordar que la marca es portuguesa). Sintra es una ciudad que, si miramos un mapa de la Península Ibérica, está a la izquierda, formando la típica *nariz* (eso es Sintra). Y, como te conté anteriormente, yo vivía en Alicante, en el lugar más opuesto a ese punto. Mil kilómetros y diez horas de coche por carretera, más todas las paradas necesarias hasta llegar a la convención. Y, por lo general, cuando se trata de un evento así, el personal va con alegría, con ganas, con ilusión. Y, si bien es un tiempo de formación empresarial y personal, es un hermoso tiempo donde te vinculas y te relacionas con otros pares.

A pesar de este tiempo de ocio del que sabía que tendría, los mil kilómetros se hacían notar. Sumado a esto, la convención sería dada en portugués, aunque podías optar por una traducción simultánea. Al llegar, nos distribuyeron en un complejo hotelero y nos entregaron las instrucciones con el detalle de las actividades que tendríamos. Hubo algunas a las que no pudimos asistir, dado que se habían dado el día anterior. Y allí mismo me encontré en una reunión con la directora de operaciones (aquella persona que no había querido contarme la estrategia confidencial de la empresa), y me pidió consejos sobre cómo comunicar ciertos aspectos. La sensación fue realmente surrealista ya que, tras aquella reunión de operaciones, me había convertido sin querer en quien hacía las preguntas incómodas, y creo que no me tenía mucha estima. Pero, bueno, allí estaba yo.

Lo mejor de aquella convención, sin duda, fue que pude escuchar una conferencia motivacional dictada por un famoso autor de libros empresariales y de desarrollo personal. Disfruté mucho esta charla, pero el resto del congreso fue un auténtico *rollo*, sin mucho sentido. Todos nos preguntábamos qué estábamos haciendo en Sintra, tan lejos de nuestras tiendas. En lo personal, llevaba muy poquitas semanas dirigiendo mi nueva tienda, y mi pensamiento estaba allí, sabiendo que en Alicante sí era imprescindible estar, que nos estábamos jugando mucho y que, por más que me esforzara en ver interés por el congreso, no era el lugar adecuado para muchos de nosotros en ese preciso instante.

De aquí observamos la importancia de que estas convenciones estén programadas y diseñadas para que sean auténticas motivadoras de equipos y para que quienes asistan deseen estar allí y pertenecer a lo que se está haciendo, y no *permanecer*: eso es otra cosa. No solo porque estarán unos días fuera de su casa, sino porque lo que allí sucede lo llevarán de regreso consigo a su tienda a su ciudad. Este esfuerzo a nivel económico y a nivel de tiempo comprometido debe valer la pena.

Lo malo no fueron las diez horas que tardamos en llegar: lo tedioso fueron las diez horas de regreso desde Sintra hasta Alicante. Ten en cuenta que el trayecto no era lineal, sino que, en el camino de ida, pasábamos por las casas de compañeros para economizar, de alguna manera, el trayecto. Un recorrido que repetíamos al regresar. Resultado: un viaje realmente horrible.

Para pensar...

- ¿Existe este tipo de evento en tu corporación?

- ¿Te motivan a que puedas asistir, o es una obligación de parte de la empresa?
- ¿Hasta qué punto se cuida el detalle de la experiencia que tendrá el trabajador en un evento de este tipo?
- ¿Se proponen actividades de relajación, entrenamiento o capacitación, de las cuales todos puedan ser parte o son solo charlas que generan el deseo de irse del lugar?

33

Guerrilla de precios

El tema del precio de los productos, en mi tienda, era un constante problema; recuerda que estábamos junto a la marca líder en nuestra misma categoría. Nosotros decíamos: "Si lo encuentra más barato, le devolvemos la diferencia". Además, esto era exactamente lo mismo que decía Technopro, justo a nuestro lado. Esto hacía que chequeáramos los precios de nuestros productos con respecto a los que tenía nuestra competencia. Como broma, decíamos que podíamos poner allí un vendedor con un walkie-talkie para que, desde el lugar, nos transmitiera los precios que allí había. De hecho, uno de nuestros vendedores visitaba la tienda y nos comentaba todo lo que sucedía, y viceversa. El procedimiento consistía en tomar notas de los precios en un cuaderno, con el fin de que nosotros pudiésemos alinearlos o bajarlos. Realmente, nuestra tienda nunca bajaba los precios de forma proactiva, ni tampoco éramos los más económicos por iniciativa propia. Sin embargo, cuenta una leyenda que, en cualquiera de estas dos tiendas, podía comprarse un electrodoméstico al precio más bajo de toda España. Pero nosotros no jugábamos con ventaja: éramos reactivos; es decir, reaccionábamos a la iniciativa de la competencia. Nunca fuimos proactivos, ni marcábamos el liderazgo en la puesta de precios. Nos limitábamos a ver qué hacía el otro y, en consecuencia, nos alineábamos. No obstante, esta estrategia muchas veces era compleja, ya que esta acción nos obligaba a pedir autorizaciones a la central (a un directivo o a un director de operaciones) para que nos permitiesen este cambio de precio en un determinado producto, para alinearnos así con la competencia. Todo este protocolo nos impedía reaccionar en tiempo y forma, de manera que perderíamos muchas ventas cada fin de semana. Piensa que, cuando un viernes (especialmente por la tarde), yo detectaba que mi competidor era más barato en algunos productos de los que sabes que la gente va a mirarlos (el ser más barato en un consumible de poco valor no es importante, pero no así en un producto estrella, como puede ser un gran electrodoméstico: por ejemplo, un televisor), esto implicaba perder muchísimas ventas.

Aquello no era una guerra de precios, sino una *guerrilla de precios*, ya que muchas veces las prácticas que se llevaban a cabo eran poco elegantes. Esto lo pude experimentar en primera persona: en una ocasión, me di cuenta de que el director de la tienda competidora había entrado a la nuestra con una persona que yo desconocía. Se dirigieron hasta el lineal donde estaban los televisores, y allí mismo empezaron a señalar un precio, y luego lo hicieron con otros productos. A los pocos minutos, recibí una llamada del jefe de producto de Gama Marrón, quien controlaba o gestionaba toda el área de producto de los televisores para decirme que había recibido una queja del Key Account Manager[6] de Samplay, la popular marca coreana de electrónica, que acaba de estar en la tienda, controlando personalmente cómo comercializábamos a pérdida sus productos. Me pedían una explicación. Y la respuesta fue bien clara y sencilla: la guerrilla estaba llegando a un nivel extremo. El hecho era el que el director de la competencia había fijado un precio muy bajo (que daba pérdida) a uno de sus productos. Y, como nosotros éramos reactivos, al verificar qué precio era y al no querer seguir perdiendo ventas, también lo bajamos. Pero ¿qué es lo que pasó aquí? En ese transcurso del tiempo, nuestro competidor,

---

6. Responsable de grandes cuentas.

a sabiendas de que iba a tener una reunión allí con un responsable comercial de la marca Samplay, había cambiado el precio justo antes de que este directivo llegara. De esta manera, le fijó al producto el valor que el fabricante recomendaba y nosotros, al no contar con este tiempo a favor, no pudimos rectificar el precio. Este era mucho más bajo que lo solicitado por la marca, lo que hacía que estuviéramos infringiendo la política comercial de Samplay para dicho producto.

Esto generó cierto revuelo y, obviamente, el jefe de compras tuvo que hablar con los directivos de la firma para explicarle que esa no era nuestra política, sino que reaccionábamos de acuerdo al precio que el competidor fijaba. A pesar de poder ser una anécdota un poco divertida, a mí me dejó una gran enseñanza: "Hacer trampas no trae ganancias". Sí lo es encontrar una estrategia de cómo adelantarme a la competencia y ganarle sanamente. Por mis valores y por mi manera de negociar y de entender cómo trabajar en una compañía, no jugaría sucio, pero comprendo que otros sí lo hagan. Mi picardía, en algunas ocasiones, estaba orientada a alinear precios, sin esperar el permiso de la jefatura de compras (hecho que nos hacía perder mucho tiempo y muchas ventas).

Todo este hecho fue una lección; estábamos en medio de una selva y debíamos salir rápidamente con un machete a cortar las ramas que no nos permitían avanzar. Cuando estás en medio de una guerra y tu oponente lleva un tanque, no puedes pelear con una espadita de madera. Esto mismo sucedía entre ambas tiendas. Y la nuestra no tenía ni machete, sino que íbamos con una espada de juguete.

Para pensar...

- ¿Hasta qué punto tu empresa es proactiva o reactiva?
- ¿Qué consecuencias tiene el ser reactivos?

- ¿Suelen ir y observar todo lo que la competencia hace?
- De ser proactivos, ¿hasta qué punto merece la pena y esto se traduce en una ventaja competitiva?
- ¿Están sabiendo gestionar esta proactividad adecuadamente?

34
Permiso para carteles

Una de mis fortalezas era cultivar buenas relaciones con los grupos convenientes para que mi función y mi tienda progresaran. Por eso tenía una excelente relación con el director del centro comercial donde estaba nuestra tienda. Alfon era un tío estupendo; ya había pasado por todos los centros comerciales de la región y tenía una visión muy clara de cómo debía ser la relación entre la gerencia de un centro comercial y los operadores comerciales o *retailers*. De hecho, cada cierto tiempo, reunía, en un almuerzo, a los gerentes y directores de tienda de las marcas más relevantes que tenía el centro comercial. A esos almuerzos de trabajo asistíamos siete u ocho integrantes de distintas tiendas. Allí nos ponían al tanto de los objetivos que el centro comercial perseguía y había alcanzado, de los planes a futuro y de algunas anécdotas que nos servían como una especie de termómetro de cómo funcionaba el lugar. Y, a pesar de existir una gran rivalidad entre los directores de tienda que vendíamos productos que competían entre sí, era cierto que existía cierta camaradería y nos llevábamos bien.

Llevarme bien con Alfon era esencial. Él era quien autorizaba determinadas acciones que no eran fáciles de resolver. En una oportunidad, para una campaña promocional, los responsables de *marketing* de la sede central de Electrohome nos enviaron unos carteles de cartón muy grandes que debíamos colocar con precintos de plástico, envolviendo las farolas y columnas ubicadas en el estacionamiento exterior del centro comercial. Los carteles

Permiso para carteles

los recibimos tan tarde... apenas unas horas antes de empezar la campaña, que mi equipo comenzó a colocar aquellos cartelones de inmediato. En un momento dado, recibí la llamada telefónica de Alfon, el gerente del centro comercial:

—Estáis colgando unos cartelones, ¿no?

—Sí —respondí.

—Vale, resulta que me ha llamado el director de Tecnopro preguntándome si tienes permiso para poder hacer eso, y tú sabes que no lo tienes. —Era lógico que tuviera que pedirlo, pero estaba tan metido en la parte comercial, en remontar una situación tan adversa, que no se me había ocurrido hacerlo y, en esos casos, el poder tener un buen vínculo con una persona influyente es sumamente positivo. Alfon me dijo—: Oye, mira: efectivamente, no me has pedido permiso, pero quiero que sepas que yo le dije que sí lo habías hecho y habías abonado los quinientos euros que había que pagar en concepto de poder poner esos carteles. Yo me la he jugado; he dicho que sí, así que, si por una casualidad te lo cruzas y te pregunta si has pedido permiso, no dudes en decirle que sí. Cúbreme. Y así puedes seguir colocando los carteles.

Tal cual me dijo, hicimos. Pusimos todos los carteles, y nunca nadie nos preguntó si teníamos permiso o no pero, en cualquier caso, lo significativo no era que alguien nos preguntara, sino que el gerente del centro comercial nos estuviera ayudando frente a aquel gran competidor, que estaba molesto porque estábamos poniendo carteles un sábado por la mañana.

Pusimos todos los carteles. ¡Qué importante es cultivar y tener buenas relaciones!

Para pensar...

- ¿Hasta qué punto se gestionan y se cultivan las relaciones con aquellas personas influyentes del entorno en tu tienda, en tu marca o en tu compañía?

35

Hacer magia

Tanto mi tienda como toda la empresa iban mal, a tal punto que nuestra sucursal más *exitosa* vendía bastante menos que la de nuestro principal competidor que menos vendía.

Recuerdo que las visitas de mi directora de operaciones (mi jefa directa) eran realmente exasperantes. Yo no hacía más que plantearle posibles soluciones, alternativas, pero la respuesta siempre era la misma: "No, no podemos hacer esto, no podemos hacer lo otro. Esto es una cadena, no puedes implementar tu propia iniciativa: hay que validarla y consensuarla". Mientras tanto, era realmente frustrante querer intentar cambios indispensables para que la situación mejorase y la respuesta fuera siempre no y no.

En aquella época me especialicé en hacer preguntas y observaciones incómodas, no por el hecho de incomodar ni molestar, sino porque exponía lo que era obvio y nadie gestionaba. No visualizaba una preocupación real por la decadencia de nuestra tienda. Íbamos a la deriva, y el derrumbe total estaba cada vez más cerca. Un buen día, mi jefa se presentó en mi tienda y me dijo: "La situación está realmente mal: hay que hacer magia".

Dicen muchos oradores de desarrollo personal que quien tiene magia no necesita trucos pero, en el mundo del comercio, de la empresa, la magia no existe. Sí existen las metodologías, los procedimientos, las políticas comerciales, las acciones de marketing, las iniciativas que te permiten hacer cosas diferentes para intentar conseguir resultados distintos, pero no la magia. Permíteme poner en práctica herramientas, políticas de venta, iniciativas, aplicar cambios que nos lleven a mejorar, pero no me pidas *hacer magia*, sobre todo cuando no me permitirás accionar para remontar una situación que nos está llevando directamente a la quiebra.

No pidamos magia: démosles a las personas herramientas e iniciativas, y el permiso para ponerlas en marcha. En esta oportunidad, recordé mi época de Sporting, cuando me decían: "No me pidas permiso; inténtalo, hazlo, y después me dices cómo te ha ido". Esta situación era totalmente contraria: no estaba permitido pensar cómo hacer las cosas, ni compartirlo con otros compañeros, ya que la respuesta siempre era un no, pero luego, se nos pedía hacer magia. Y la magia, queridas amigos y amigas, no existe. Siempre hay un truco y, si este no es el mismo que esperan tus jefes, las dificultades comenzarán a aparecer.

Para pensar...

- ¿Te piden hacer magia o pides tú hacerla en tus equipos?
- ¿Hasta qué punto facilitas la vida para que los demás puedan tomar esas decisiones que son clave para el negocio en el día a día?
- Y tú, ¿estás habilitado para implementar cambios o debes pedir permiso a través de correos larguísimos en lo que todo el mundo está en copia?
- Cuando la respuesta es negativa, ¿se debe a algún motivo real o es, simplemente, "porque esto aquí nunca lo hacemos" o "porque esto lo hacemos así"?
- ¿Permites que tus equipos tengan la iniciativa de hacer esa magia y consideras que estas acciones pueden tener un impacto positivo? O, si no estás de acuerdo, ¿las desechas directamente?

36

Un vacío interior

Cuando una persona tiene la responsabilidad en una tienda como yo la tenía en aquella época (aunque no tuviera mucha capacidad de maniobra), se siente responsable por lo que allí sucede. De mi parte, quería hacer las cosas bien; sin embargo, en ocasiones, al mirarlo hoy en perspectiva, me doy cuenta de que muchas veces perdí el foco en cuidar de mí mismo, y anteponía la empresa a mi propia persona. Ya me había pasado en otras épocas de mi vida y, sin darme cuenta, había vuelto a caer en la trampa del corporativismo.

En una oportunidad, con más precisión, un sábado por la noche, mis antiguos compañeros de Sporting me invitaron a un encuentro que celebraban. En este período (de la invitación), estaba atravesando una crisis: me cuestionaba qué estaba haciendo con mi vida y hacia dónde estaba yendo. El hecho fue que no fui a la cena. Pensé que era mejor quedarme trabajando durante la noche y amanecer al día siguiente en el despacho de mi tienda de electrodomésticos, intentando justificar y cuadrar un inventario general que era un verdadero caos. En todos los sitios faltaban productos y, cuando esto sucede, consecuentemente, falta dinero, y eso era desastroso. Era un problema que había heredado del antiguo director, ya que habían cargado erróneamente al stock los productos que ingresaban en la tienda en el momento de la apertura.

Rememoro ese momento: fue realmente triste. Eran aproximadamente entre las dos y media o tres de la mañana cuando, de repente, sentí un gran vacío interior. Aún me recuerdo con mi uniforme de rayas rojas y blancas, con las mangas de la camisa levantadas, haciendo clic aquí y allá en el programa de gestión, sin tener muy claro con qué me encontraría o cómo podía hallarle una posible solución. ¿Qué estaba haciendo con mi vida? ¿Cómo era posible que, un sábado por la noche, de madrugada, estuviera allí? Yo solo, abandonándome a mí mismo en una función que no se reconocía de ninguna manera… ¿A dónde me llevaría este estilo de vida? En ese momento, me di cuenta de que había aumentado varios kilos en los últimos años; mi alimentación era desastrosa —tanto era así que conocía perfectamente el menú de todos los restaurantes de *fast food* que había en los centros comerciales en los que había trabajado—. El ejercicio físico, el deporte eran cosa del pasado. Mi vida era entrar en la tienda muy temprano y, casi siempre, ser el último en marcharme. Y allí estaba, un sábado a la madrugada, en la tienda, intentando solucionar algo que difícilmente tenía arreglo. Cuando noté ese vacío interior, tuve ganas de llorar. Aquello no era vida, no era razonable: era una *mierda*… con todas las letras. ¿Hacia dónde estaba dirigiendo mi vida? ¿Qué sería de mí si continuaba en esa situación? Dejándome para el final, anteponiendo, a mi salud tanto física como emocional, los intereses de una empresa para quienes la estrategia era un secreto inconfesable que no podía conocer. ¿Tenía sentido dedicarle tanto tiempo, esfuerzo y salud? En ese momento, en aquella madrugada de sábado, me di cuenta de que no lo tenía y, si quería que mi vida prosperase de alguna forma, algo había que cambiar.

Para pensar...

- ¿Qué te sugiere lo que acabo de contarte? ¿Sucede en tu compañía? ¿Te ha pasado a ti mismo? ¿Tienen los integrantes de tu equipo o tus compañeros esta sensación?

- ¿Están dadas las circunstancias para que esto pueda suceder?
- El departamento de talentos o de recursos humanos, ¿está pendiente del cuidado emocional de las personas que trabajan en la organización? ¿Hay alguien pendiente de la salud física y psíquica de sus empleados?

5.ª C
CONEXIÓN

Aquí te comparto el quinto componente de este modelo:

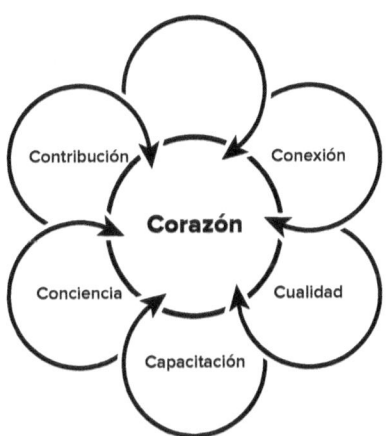

La conexión es entendida como la capacidad de interacción que tienen los colaboradores de la organización. En cualquier forma que imaginemos, las personas pueden conectar con otras en la empresa, como forma de enriquecer el diálogo interno que permite alcanzar cotas más altas.

Gracias a la capacidad de conexión, las personas no están aisladas, no se sienten solas incluso si en su día a día se desempeñan en departamentos o áreas en las que no hay más compañeros. Conectar para crear una comunidad.

Desde el primer momento, las personas han de poder sentir la capacidad de poder conectar con la propia empresa y su entorno más inmediato. Desde el primer minuto del primer día.

La interacción entre personas ha de ser siempre respetuosa, empática y asertiva. Si el marco no es saludable, la interacción será pobre y perjudicial para las personas implicadas. Se ha de capacitar en comunicación. Cuidado con los servicios de mensajería instantánea.

La interacción entre las personas no ha de limitarse a un contexto formal y plenamente estructurado. Se debe permitir que la capacidad de conexión fluya según el contexto.

La conexión entre la organización y las personas se da hasta el último momento de la relación profesional. Cuidar de este aspecto es relevante tanto para quien se marcha como, sobre todo, para las personas que continúan en la empresa.

La conexión ha de ser productiva y con orientación a conseguir un resultado positivo.

Sin *feedback*, sin retroalimentación, no hay posibilidad de mejora personal y, por lo tanto, colectiva y corporativa. El *feedback* saludable es necesario y siempre ayuda a construir mejores relaciones entre las personas y la compañía.

Cada momento de conexión y comunicación ha de ser preparado. Es relevante conocer las expectativas y posibilidades que ofrece cada momento de comunicación.

Conectar dentro y fuera de la organización. En tiempos de redes sociales, es difícil querer limitar la capacidad de conectar de nuestros equipos. Brindemos la capacitación y posibilidades adecuadas para que puedan hacerlo.

Todo momento de conexión, de interacción es una oportunidad de construcción o de destrucción. Elegir bien el momento, el tono y el mensaje es fundamental para conseguir un momento de construcción.

37

Salimos en la tele

Todo funcionaba locamente. De repente, un buen día nos anunciaron un evento que transformaría el futuro de la compañía. Todo el mundo estaba emocionado o, por lo menos, había que poner cara de cierta emoción. Es un momento relevante cuando tu empresa decide encarar una campaña publicitaria a nivel nacional a través de la televisión. Esta requiere una gran inversión y marca un antes y un después en muchas empresas. La compañía consideró que, al haber un cierto volumen considerable de tiendas, esta campaña sería rentable, y su costo estaría justificado sin problemas.

Incluso nos adelantaron cómo serían los anuncios a través de internet, qué era lo que se vería, en los canales que saldrían, y demás. Se promocionarían dos productos: una cafetera de cápsulas y un televisor. La publicidad se emitiría inminentemente. En un primer momento, pensé que los productos exhibidos en televisión (y que son una muy buena oferta) aparecerían con el precio y los mostraríamos en la tienda de alguna manera que llamara la atención. Se podía armar una especie de isla para que la gente pudiera verlos bien y fueran fácilmente encontrados. Otra posible estrategia era rodearlos de un *cross selling*[7]; en fin, me motivé para pensar posibles estrategias comerciales de venta. El tema fue que, al verificar el stock de los productos ofertados, solo teníamos entre cuatro

---

7. En marketing, se llama *venta cruzada* a la táctica mediante la cual un vendedor intenta vender productos complementarios a los que consume o pretende consumir un cliente. Su objetivo es aumentar los ingresos de una compañía.

o seis unidades. Es decir, un stock tremendamente pobre como para lanzar cualquier tipo de campaña de comunicación. Efectivamente, el 90 % de las tiendas tenía un stock similar, lo que significaba que haríamos publicidad (y de hecho se hizo) de un producto que no contaba con stock. Por ende, esos castillos hechos en el aire acerca de que esta publicidad iba a ser muy rentable (ya que se amortizaría la inversión al haber un retorno) no ocurrió. Pero lo que sí pasó fue una gran frustración porque estos productos se vendieron de inmediato. Ya puedes entonces imaginar las caras de los clientes cuando entraban a la tienda preguntando por la oferta… Al no encontrarla, se llevaban una gran decepción. En resumen: pasamos de tener una situación que podía haber sido histórica en la compañía a tener uno más de los muchos despropósitos de los cientos que se cometían en aquella época.

Otra situación bastante frustrante para los clientes y difícil de gestionar para las tiendas eran los errores tipográficos que existían en los catálogos. No fallaba: en cada folleto o catálogo que se lanzaba (se hacían con cierta periodicidad), siempre había algún error (ya fuese en el precio, en el modelo, en las características del producto), lo que producía una queja continua por parte de los clientes, de gente que venía desde muy lejos a buscar un cierto producto que luego no teníamos o que hallaban con precios distintos, etc. Un verdadero desastre. Lo mismo de siempre: ¿cómo podíamos intentar conseguir grandes resultados si no éramos capaces de gestionar cosas tan sencillas como hacer un anuncio correcto o tener un stock adecuado para la publicidad que se estaba lanzando? Finalmente, siempre llegaba a la misma conclusión (especialmente en el tema de los anuncios de televisión): no había un criterio unificado ni una estrategia de comunicación.

Cuando un departamento de marketing y comunicación va a lanzar una campaña y apuesta por un producto, lo lógico es que se comunique con los jefes de producto, con la gente de compras y que compruebe qué opción es la mejor de acuerdo al stock disponible, su rentabilidad, el margen de ganancia, etc. En aquella ocasión, es obvio que no la hubo.

¿Sabes qué aprendí de aquel momento? Cuando lanzas una campaña publicitaria en el que haya más departamentos implicados además del tuyo (que suele pasar casi siempre), urge juntarse, enviar mails y asegurarse de que haya un *feedback* que garantice que tus intenciones con esa campaña serán las adecuadas. Y esto, en esta ocasión, pasó de ser un objetivo histórico que sería un éxito a ser un tropiezo más en el camino.

Para pensar...

- ¿Cómo está organizada la comunicación interna en tu empresa?
- ¿Están al tanto las distintas áreas de las estrategias que se llevarán a cabo?
- ¿Están dispuestas a ayudarse un área con la otra para juntos llegar al objetivo común y alcanzar el éxito? ¿O cada uno sale solo a la *guerra*?
- ¿Cómo potenciarías tú la comunicación de una forma más transversal para que situaciones como las que te he mostrado no sucedan en tu negocio?

38

La cena de Navidad

Llegó la Navidad. Para mí, era la primera fiesta que celebraba desde que estaba trabajando en la tienda y en la propia empresa. Realmente, estaba ilusionado con la idea de realizar una muy buena campaña que luego se tradujera en un aumento en las ventas y, por ende, en nuestros sueldos gracias a los incentivos especiales, situación que ayudaría muchísimo a levantar el ánimo del personal y a aumentar la cuenta de explotación, que estaba siendo un verdadero desastre esos meses. No había forma de que la tienda levantara cabeza, y no solamente esta, sino la compañía. A pesar de estar en un tiempo festivo, no se vislumbraba que habría un antes y un después de esta temporada. Todos sabemos que es en este tiempo cuando los consumidores salen a la calle para buscar algo que comprar. Se supone que alguna de esas personas acabará en nuestra tienda, y esta también podría ser una oportunidad de darnos a conocer.

Yo estaba muy concentrado en la venta; la prioridad eran la tienda, los clientes, el equipo, el producto, sacar aquello adelante. Y fue en medio de este tiempo de concentración cuando recibí un correo, donde se me invitaba a participar de una cena de Navidad preparada para los directores de tienda. Cuando leí esas líneas, me dije: "No puede ser. ¿Cómo es que habrá una cena de Navidad para directores de tienda si estamos en plena campaña navideña?". Al llegar ese mail, las ventas de Navidad ya se estaban dando. ¿Cómo podían organizar una cena justamente en esos días?

Debía dirigirme a Madrid (cinco horas de auto) en medio de una gran tensión comercial, en que había que estar presente para apoyar a los equipos, quienes estaban haciendo el esfuerzo importante durante esas semanas. Se debía estar pendiente de todo lo que sucedía en la tienda, y estar allí para garantizar la mejor venta continuamente. No era el momento de que un director de tienda se marchara a una cena de Navidad, y perdiera casi dos días de trabajo. Sin embargo, la cena se hizo. Participé, y lo que vivencié fue un horror. A los jefes les daba igual mantener la compostura, la dignidad ejecutiva o directiva; mis compañeros se iban por la tangente... lo que determinó que a cierta hora me fuera a dormir. Necesitaba descansar para luego madrugar e ir a la tienda. Y eso fue lo que hice. Aquello me sorprendió tanto que, al mismo tiempo, supe que esta cena era una señal demasiado evidente de que esta gente no estaba pensando lo mismo que yo. No podíamos ser así de inoportunos. Los directivos de la empresa estaban (o parecían estarlo) al menos ajenos a la verdadera realidad de las tiendas, de las que obviamente conocían las cifras, pero mantenían esa actitud autocomplaciente del que cree que puede revertir la situación a poco de que el viento sople a favor. Pero, en este caso, el viento no iba a soplar nunca a favor, sino que había que empezar a remar muy fuerte para poder dar la vuelta a aquello. Pero allí estaban: en su fiesta de Navidad.

De hecho, no he conocido ninguna tienda en distribución, en comercio, en *retail* que tenga la costumbre de realizar un evento como este en un momento tan inoportuno. Este tipo de celebraciones, por lo general, se adelanta mucho para que sea un momento de reunión y de ocio entre compañeros, pero no cuando está en juego el momento comercial más importante del año. Allí hay que estar concentrados en los requerimientos de las tiendas y, en cualquier caso, si haces una fiesta de Navidad en la época más álgida de ventas, hazlo en tu tienda y con tu gente. No puedes desaparecer cuando esta más te necesita. Estaba claro que este era el anticipo de que nada bueno podía ocurrir en aquella compañía.

Para pensar...

- ¿Cómo se interpretan estos momentos en tu tienda o en tu empresa?
- ¿Queda claro que hay momentos en los que sí se procede a realizar ciertos eventos y otros en los que no?
- ¿Se tiene en claro la prioridad en cuanto a qué es más importante: si lo son el equipo, la tienda y la venta o ciertos momentos de ocio que, seguramente, no son convenientes en ciertos momentos del año?

39

El viaje de regreso

Al día siguiente de aquella lamentable cena de Navidad que se había celebrado en Madrid, nos tocaba regresar cada uno a su tienda. Recuerdo que el viaje de ida lo hice con un compañero que debía pasar por mi ciudad, pero al regreso se quedaba en Madrid. Por ende, necesitaba regresar a mi tienda en Alicante con alguien más. Y ese alguien era la directora de operaciones de mi zona quien, de paso, visitaría mi tienda y podía dejarme allí.

En su auto de la empresa, íbamos dos directores de tienda y ella. Recuerdo que, al acercarnos al estacionamiento donde estaba el vehículo, mi compañero, ya veterano, se adelantó a la jugada y dijo en voz alta: "Yo me siento en el asiento trasero", de manera que yo quedé como copiloto. Mi compañero rápidamente se durmió, de forma que no había mucha posibilidad de conversación entre los tres, lo que se convirtió en una conversación entre esta mujer y yo. No sé bien cómo empezó la charla pero, a los cinco o diez minutos de haber arrancado, empezó a echarme en cara una cosa tras otra, con una bronca tremenda. Todo lo que hacía en la tienda estaba mal, era terrible; me cuestionaba todo... una crítica detrás de la otra. En un momento pensé: "Qué viaje más largo nos espera; mi jefa va a recriminarme, cuatro horas seguidas, situaciones de las que yo no tengo nada que ver". Llevaba meses (o semanas) de estar diciendo cosas que había que mejorar, que cambiar y transformar porque el futuro de la tienda no tenía un buen aspecto. Era una situación absurda; no me dejaban mejorar ni cambiar nada, pero al tiempo se enojaban porque sus planes, deficientes a todas luces, no lograban el éxito que habían imaginado. Era algo insostenible.

¿Qué hice entonces? A los veinticinco o treinta minutos de la charla, aprovechando tres minutos de silencio, apoyé mi cabeza en la ventanilla que estaba a mi derecha, porque yo era el copiloto, y me hice el dormido con mis gafas de sol puestas, de forma que podía abrir los ojos sin ser visto por ella. De esa forma, conseguí que dejase de quejarse y de criticarme durante los siguientes trescientos cincuenta kilómetros. De hecho, ya interpretando mi papel de dormido, estuvimos a punto de tener un accidente; faltó muy poco, pero fui capaz de contenerme en mi asiento y, haciendo como que no me estaba enterado de nada, seguí profundamente dormido. Es tristísimo que esto ocurra.

Esta anécdota se la he contado muchas veces a mi amigo Dani Barra; él se ríe cada vez que me escucha decir que me hice el dormido para que me dejaran tranquilo. El hecho es que necesitamos elegir los momentos adecuados para transmitir un determinado mensaje a nuestros compañeros, colaboradores, integrantes de nuestros equipos, y de igual importancia es elegir el tono con el que lo haremos.

Desde luego, ese no era el momento. Lo peor era la situación de indefensión en la que me encontraba, ya que siempre había intentado mejorar, pero la compañía *ponía palos en la rueda*. Sabía que urgía hacer cambios que no dejaban implementar, a pesar de proponerlos con teoría y resultados. Sin embargo, mi jefa estaba ahí, descargando su bronca conmigo continuamente.

Veníamos de un verdadero caos: campañas de televisión sin sentido (no había stock de los productos), la directiva era hacer magia (no puedes hacerla cuando no tienes las herramientas para hacerla), estar en medio de una guerra de precios continua con la competencia (siempre salíamos perdiendo), y nos enfrentábamos a un crecimiento inorgánico, al que se le sumaban cada vez más tiendas sin propósito, oficio ni beneficio. Todas estas situaciones no beneficiaban en nada a la compañía. Todo estaba en contra, y parecía que el máximo culpable era yo cuando, en realidad, yo solo seguía un plan corporativo que hacía aguas por todos lados. Al llegar a nuestro destino, me avisó que, en los próximos días, iría a la tienda, acompañada de la directora de Recursos Humanos. Esta visita sería un par de días antes de Nochebuena. Era obvio que ya estaba todo dicho.

Para pensar...

- No hay mucho para reflexionar acerca de lo que te estoy contando, pero sí es oportuno pensar cuáles son los momentos oportunos que elegimos para comunicarnos con los diferentes equipos de la tienda.
- ¿Preparas previamente las conversaciones que vas a tener? ¿O improvisas y dejas que fluya sin tener muy claro hacia dónde irá la conversación?

40

Recoge tus cosas

Hagamos un poco de historia…

Comencé a dirigir mi tienda un 11 de septiembre, fecha que recuerdo siempre por la coincidencia con el fatal atentado a las Torres Gemelas. Un mes de noviembre, tuve aquella reunión en Sevilla, donde ya había quedado claro que estábamos abocados a nuestra propia suerte: la dirección de la empresa no era capaz de compartir la estrategia que tenía con sus directores de tienda. Y, desde aquel momento, yo ya sabía que la relación no era buena entre la empresa y mi posición de director. Yo hacía preguntas incómodas y formulaba propuestas para intentar mejorar una situación que, de todas formas, siempre era muy adversa.

Desde hacía algunas semanas, sabía que mi fin estaba próximo. Lo que nunca esperé fue que mi despedida se hiciera de una manera tan torpe. Transitábamos el mes de diciembre: la cena de Navidad ya había pasado, y yo estaba en mi tienda, con mi equipo, animando la cifra de ventas para que esta aumentara, en medio de una situación muy complicada. Como te conté, la directora de operaciones se quejaba de mi desempeño mientras regresábamos de la cena en su auto y, entre queja y queja, me avisó que el 22 de diciembre visitaría mi tienda en compañía de la responsable de Recursos Humanos de la empresa en España para conversar conmigo.

Obviamente, ya sabía para qué irían: para anunciar mi despido. Este aviso de visita me dio tiempo de recoger todas mis pertenencias de la oficina. (Por lo general, como solía pasar tantas horas de trabajo en la tienda, en aquel lugar tenía algunas cosas personales). También me dio tiempo a reunirme con mis mandos intermedios y comunicarles abiertamente que, al día siguiente, llegaría la directora de operaciones y la directora de Recursos Humanos para despedirme. Me acerqué a ellos, y les dije: "Ha sido estupendo trabajar con ustedes. Son unos profesionales geniales; las cosas no han salido como quisiéramos, pero no piensen que somos los últimos responsables. De hecho, no dejamos nunca de pedir cambios para mejorar todo cuando pudimos. Muchos factores no dependían de nosotros, y lo que sí dependía se hizo bien. Juntos realizamos grandes cosas, y fue maravilloso trabajar con ustedes. Les dejo mi teléfono, mi correo personal y estamos en contacto".

Al día siguiente, efectivamente, se presentaron ambas directoras y me dijeron: "No es nada personal, lo sabes; pero pensamos que esto no es lo tuyo. Por eso, hemos decidido despedirte".

Y así fue cómo, un 22 de diciembre (cito la fecha por el romanticismo de que estábamos ya en época muy prenavideña), estaba siendo despedido en medio de una campaña de Navidad ya lanzada al mercado, en plena venta (por eso lo importante era hacerlo bien). Me despidieron por la mañana y, por la tarde, ya asumía un nuevo director, quien había compartido conmigo unos días atrás una *no formación*. Y digo *no formación* porque su entrenamiento había sido como el mío.

Y sumo algunas palabras más de mi despedida: "Queremos que estés bien; tu futuro será muy bueno fuera de aquí. Ahora recoge tus cosas y márchate, y no te despidas de nadie de la tienda". Siempre recordaré la aspereza de las palabras: "... ahora recoge tus cosas y márchate". Fue lo último que me dijeron.

Me enseñaron que a veces tenemos solamente una oportunidad para hacer las cosas bien o para hacerlas mal, y el caso de despedir a alguien es uno de esos momentos de la verdad, donde una organización está demostrando cómo hace las cosas, hasta qué punto quiere hacerlas bien o hacerlas mal.

A pesar de este trato, no guardo ningún rencor. Meses atrás, había vaticinado que esta tienda cerraría y, efectivamente, así fue. Meses después (no llegó al año), la tienda cerró. Unos años después, la compañía cerró todas las tiendas y sus operaciones en España. No me alegro de ello, pero sí sé que, cuando en aquel momento yo alzaba la voz, levantaba la mano diciendo que había dificultades de base para cambiar si no queríamos ese desenlace fatal. Algo de visión al respecto tenía, pero nada se hizo.

Este despido generaba en mí una gran oportunidad. ¿Qué haría entonces a continuación? Era algo que debía decidir; lo que sí sabía era que merecía unas semanas de descanso, de desintoxicarme del ritmo de la tienda y de empezar a pensar en mí y solo en mí como máxima prioridad.

Para pensar...

- ¿Cómo son gestionados los despidos en tu compañía?
- ¿Hasta qué punto se hacen bien? ¿Respeta los valores de la marca?
- ¿Cómo hace tu empresa para que la persona despedida no se convierta en un enemigo público?
- Por lo general, se afirma que los empleados, los compañeros de una tienda deben ser sus propios embajadores. Pero ¿estamos convirtiendo a las personas que despedimos o que dejan de trabajar con nosotros en detractores? ¿Cómo manejarías un despido en tu organización?

41

El regalo

Aquel despido fue un regalo; era la oportunidad de poner punto final a mi relación con una organización en la que mis ideas, mis aportes y mi talento al servicio de esta no eran valorados. Aquello era un desperdicio; debía encontrar el sitio donde poder desarrollarme sin límites. Aquel despido supuso un reconocimiento a mi valía; era superior a lo que ellos eran capaces de aceptar o de gestionar.

Al irme de allí, me di cuenta de que no debía arrepentirme de todas las preguntas incómodas que había hecho durante esos meses, de las dudas que planteaba y que me impedían avanzar con el negocio. En definitiva, estaba pensando por mí mismo, y esta es una condición que recomiendo en todas las organizaciones con las que me cruzo. Necesitamos directivos que se atrevan a hacer cosas sin miedo, con valentía. Esta es la clave para conseguir que las cosas avancen; de lo contrario, estaremos sumergidos en la mediocridad, y castigaremos a los que se destacan, a los que piensan diferente, a los que saben que pueden aportar mucho más de lo que su entorno corporativo, sus jefes o sus normas les permiten.

Y, si decides despedir a esa gente pensante y creativa, da igual: no pasa nada. El talento es como el cauce de un río: siempre encuentra su paso. El mío, desde luego, estaba fuera de aquella tienda y, posiblemente, de cualquier otra. Sé que hay empresas fantásticas que después he conocido pero, en aquel momento, la tienda no era mi lugar. Sin duda, estaba colapsado por todas las vivencias de los últimos meses.

Para pensar...

- ¿Por qué se marchan aquellos que deciden renunciar en una compañía?
- ¿Quiénes son despedidos?, ¿es posible establecer alguna relación entre unos y otros en cuanto a los motivos, ya sean evidentes u ocultos?

42
Autocentro

Cada vez que una persona enfrenta algo nuevo, muchas veces se encuentra con esa primera emoción que sale a su encuentro y que le impide avanzar como quisiera: el miedo. Y yo no fui la excepción.

Pasé por algunos procesos de selección, no muchos (soy muy selectivo), ya que tenía muy claro lo que sí quería para mí y lo que no aceptaría. Y, en el desarrollo de esas entrevistas, me llamó mucho la atención un proceso de selección realizado para Motorcar, la gran marca de autocentros líder en el mercado de mantenimiento del automóvil. Asistí a dos o tres reuniones y, finalmente, me ofrecieron el cargo de director de tienda, con posibilidades de comenzar una ambiciosa carrera dentro de la corporación. Pero ¿sabes lo que sucedió? A esta altura, yo hacía preguntas diferentes en las entrevistas; ya sabía qué era lo que quería y lo que no estaba dispuesto a aceptar. Y, sin la presión de quien busca desesperadamente un trabajo, me atreví a hacer ciertas preguntas.

Recuerdo perfectamente preguntarle al director regional cómo era la formación en la marca en la empresa. Me explicó cómo era el proceso de formación inicial y cómo este continuaba a lo largo del año para los directores de tienda. Todo parecía fabuloso, pero quise saber más. Y pregunté: "¿Y cómo es la formación para el personal de base, para los técnicos, los vendedores, los mecánicos?, ¿qué formación tienen ellos?". Y su respuesta fue el puntapié para saber que ese no era el lugar. Con total sinceridad, me explicó que los empleados de base no tienen una formación específica e importante, ya que son, prácticamente, meros repositores, fáciles de sustituir. La apuesta importante se hacía para los mandos intermedios y para la dirección de las tiendas. Seguro que esto ha cambiado con los años, pero en aquel momento esta era la situación.

Con ese panorama, me di cuenta de que ese no era mi lugar. Cuando tú consideras que el personal de base es un *mero repositor* y lo dices casi de forma despectiva, estás diciendo de manera implícita que estas personas no son importantes para ti.

¿Te imaginas dirigir una tienda en la que la cultura de dicha empresa sea que las personas de cierto rango son fácilmente sustituibles? Esta visión, a esta altura del siglo xxi, es inaceptable.

Me ofrecieron el empleo, sí. ¿Me interesaba?, no. Y esto fue lo que me permitió darme cuenta de que mi sitio no estaba allí.

Para pensar...

- ¿Cuán importante es el personal de base en tu empresa?
- ¿Son considerados al igual que las personas que trabajan en niveles jerárquicos superiores?
- ¿Hasta qué punto es mejorable lo que ya estás haciendo? Y tú, ¿por dónde empezarías el cambio?

43

El día después

El día después de haber trabajado en una tienda siempre es difícil; lo que antes no percibías, de repente, está muy claro. Aquellas situaciones que antes pasaban inadvertidas ahora ya no pasan.

Al llegar el fin de semana, te planteas: "¿Qué hacen las personas los fines de semana?". Y extrañas estar en la tienda con amigos, con los clientes, con tus compañeros de ventas. Algo similar ocurre cuando, durante la semana, al ser las nueve o las diez, estás cómodamente en tu casa o en el gimnasio, o estudiando, leyendo, o haciendo lo que quieras hacer. De repente, te acuerdas de que antes, a esa hora, estabas en la tienda, y comienzas a extrañar. Pero, por otro lado, te das cuenta de todo lo que te perdías estando allí dentro. Por este motivo, las empresas de *retail* necesitan saber conciliar la vida personal y profesional de sus trabajadores, de sus compañeros y de sus equipos para que esta sensación de vacío no se produzca, y así derribar ese pensamiento que te muestra todo lo que te estás perdiendo por estar allí. Las empresas deben mostrarte todo lo que sí ganas estando allí. Mientras estás en la tienda, estás ganando amigos, finanzas, experiencias, etc., pero es necesario que exista esta conciliación. De lo contrario, tendremos equipos *quemados*, que están deseando cambiar de sector y salir de la tienda.

En mi caso, siempre vivencié la tienda como una parte muy mía. Al cabo de un tiempo, al visitarla como consumidor, si veía algo mal, rápidamente quería arreglarlo, colgarlo bien, acomodarlo, etc. Por momentos cualquiera hubiera dicho que yo trabajaba en esa tienda, pese a ser solo un cliente.

Quizás este libro es el inicio del cambio que estás necesitando, de aquellas modificaciones que puedes hacer en tu organización para que esta sea una marca y una empresa saludable, en el que las personas tengan ganas de trabajar, donde el talento tiene lugar para manifestarse, en el que los clientes te eligen por la esencia de tu empresa y en la que tu gente es el mejor equipo de embajadores.

En definitiva, hacer otro tipo de *retail* es posible, y tú ya sabes cómo puedes ponerlo en marcha.

6.ª C
COMUNICACIÓN

Para concluir este modelo, te presento, a continuación, el último componente del modelo 6 C:

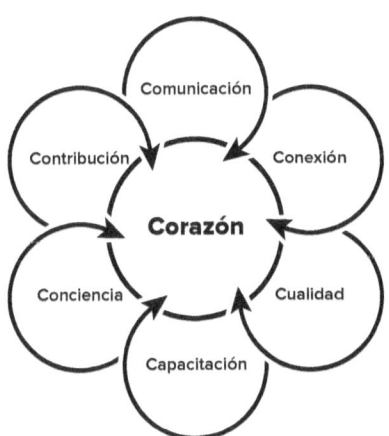

Existe una clara difusión y accesibilidad de la información que genera la compañía, o incluso de fuentes externas que puedan aportar valor específico, de forma que el colaborador tenga muy claro qué está pasando, cómo van las cosas y de qué manera su implicación tiene impacto en el resultado.

La empresa no necesita hacer un esfuerzo por comunicar, sino que forma parte de su razón de ser, y adapta la comunicación a los medios disponibles para que pueda ser eficiente y transmitida de forma fluida.

La comunicación ha de ser clara y directa, para que todas las personas estén alineadas y comprendan qué está pasando en cada momento relevante. La información ha de llegar a las personas. Cuanto más relevante sea su posición, más y mejor información ha de llegar sin necesidad de tener que pedirla. La ausencia de información implica una merma significativa de la capacidad de acción de las personas.

La comunicación debe estar preparada para que exista conexión. Nunca se es solo emisor del mensaje, sino que la oportunidad de recibir información de regreso que sirva para mejorar y construir debe estar siempre presente.

Apéndice

EVALUANDO TU PROPIA EMPRESA

Cuestiones y temas para explorar en tu propia empresa. Muchas no tienen una respuesta inmediata, sino que es interesante dedicar un rato a pensar en la posible respuesta.

- ¿Cómo es el recibimiento de un nuevo miembro en tu empresa?, ¿Se consigue que la nueva incorporación se incorpore y sea productiva cuanto antes?
- ¿El tipo de integración depende de su nivel jerárquico?, ¿existen grandes diferencias entre unos y otros?, ¿cuán bueno o malo es esto para la organización?
- ¿Cómo se viven y se comunican los valores, misión y visión de la empresa?, ¿existe un trabajo al respecto de estos principios en la organización?, ¿se trabajan y se respetan en el día a día?
- ¿Existen formación en *management* y habilidades directivas en tu compañía?, ¿la formación es realmente válida para afrontar las tareas del día a día?

- ¿Hasta qué punto la asertividad y la empatía son frecuentes y habituales en la comunicación de tu empresa? ¿Existe una comunicación saludable en tu organización? ¿Y el buen humor?, ¿hay buen humor en tu punto de venta, en tu empresa, en tu organización?
- ¿Está integrada tu empresa u organización por personas fiables, o la política de contratación hace que sean perfiles irresponsables que no les permita confiar en ellas?, ¿se contrata al *primero que pasa por allí*?
- ¿Cómo se afronta la situación de despido de los colaboradores que por cualquier motivo no deban continuar en la compañía?
- ¿Qué tipo de seguimiento se les hace a los equipos en tu compañía?, ¿y qué tipo de seguimiento se hace sobre ti? ¿Crees que es el adecuado? ¿Qué cambiarías? ¿Es un seguimiento correcto para saber si estás avanzando por el buen camino?
- ¿Se dice aquello de "Haz lo que yo diga, pero no lo que yo haga"? ¿O, realmente, se vive el día a día con auténtico valor de ejemplo, sabiendo que es importante la actitud que se imprime en todo momento con los equipos?
- ¿Qué tipo de encuentro se realiza entre el máximo responsable de tu tienda o empresa y los equipos? Si eres tú ese máximo responsable, ¿de qué manera te relacionas con las nuevas incorporaciones? ¿Hasta qué punto les aportas tu visión, tu experiencia y tu conocimiento?
- ¿Se están tomando decisiones muy arriba, sin saber qué impacto tienen abajo, en la realidad de la tienda?
- ¿Hasta qué punto la estrategia que tiene la empresa en tu organización es comunicada? ¿Crees que esta idea de restringir la información es adecuada o podría ser compartida

para que todos estén al tanto de por qué se hacen las cosas en tu organización?
- ¿Hasta qué punto se gestionan y se cultivan las relaciones con aquellas personas influyentes del entorno en tu tienda, en tu marca o en tu compañía?
- ¿Te piden *hacer magia* o pides tú hacerla en tus equipos?, ¿Quien pide responsabilidades concede las herramientas para poder ejercerlas?
- El departamento de Recursos Humanos, ¿está pendiente del cuidado emocional de las personas que trabajan en la organización? ¿Hay alguien pendiente de la salud física y psíquica de los empleados?
- ¿Preparas previamente las conversaciones que vas a tener? ¿O improvisas y dejas que fluya sin tener muy claro hacia dónde irá la conversación?
- ¿Hasta qué punto es mejorable lo que ya estás haciendo? Y tú, ¿por dónde empezarías el cambio?

Otros títulos de Jacinto Llorca

Cómo vender más en tu tienda en una semana
2013. Gestión 2000 (Grupo Planeta)

Objetivo: vender más
2014. Gestión 2000 (Grupo Planeta)

El Código Retail
2018. Libros de Cabecera

Contacto

Búscame en redes sociales, sobre todo en LinkedIn, Instagram, Twitter y YouTube.

Web: **www.jacintollorca.com**, donde publico contenidos asiduamente.

Email: jacinto@jacintollorca.com

www.ingramcontent.com/pod-product-compliance
Lightning Source LLC
Chambersburg PA
CBHW031626210526
45464CB00004B/1763